Friedemann Engel

Eine himmlische Komödie

von

Peter Koop

Bibliografische Information der Deutschen Nationalbibliothek: Die Deutsche Nationalbibliothek verzeichnet diese Publikation in der Deutschen Nationalbibliografie; detaillierte bibliografische Daten sind im Internet über www.dnb.de abrufbar.

Foto (Hintergrund): Hans Braxmeier Hans(pixabay)

Herstellung und Verlag:
BoD - Books on Demand, Norderstedt

ISBN: 978-3-7460-3604-5

Webseite: peterkoop.de

PERSONEN

FRIEDEMANN ENGEL: *Humorvoll. Intelligent. Afrikanischer Herkunft.*

JAN: *Sohn des Wirts.*

GESA: *Tochter des Bauern. Sterneköchin auf »Heimaturlaub«.*

WIRT: *Aufbrausend. Eigensinnig. Ihm gehört eine Hälfte des Dorfes.*

BAUER: *Aufbrausend. Eigensinnig. Ihm gehört die andere Hälfte des Dorfes.*

PASTOR: *Ein sehr frommer Mann.*

FRAU PASTOR: *Leidet unter der Frömmigkeit ihres Mannes.*

OOL AKIM, OOL BORK, OOL CORD: *Sehr alt. Hintersinnig. Mit trockenem Humor.*

BÜRGERMEISTER: *Bemüht, es dem Bauern und dem Wirt recht zu machen.*

GEMEINDERAT, JUGENDLICHE

AKT 1

(Eine kleine Dorfkneipe, in der die Zeit stehengeblieben zu sein scheint. Jan, der Sohn des Wirts, steht hinter der Theke und spült Gläser. Auf einer Bank an der Seite sitzen drei sehr alte Männer.)

1

OOL AKIM
Na, Jan. Freust dich schon?
JAN
Die wievielte Sitzung ist das heute?
OOL AKIM
Ich glaube Nummer 28.
OOL CORD
Das eine Mal kann man nicht mitzählen.
OOL BORK
Nee. Warum sagt dein Vater auch so etwas zum Bauern?
OOL AKIM
»Ob du hier sitzt, oder eines deiner Rindviecher …«
OOL BORK
Er hätte doch wissen müssen, was passiert.

(Alle drei sehen verträumt in die Ferne.)

OOL CORD
(Schwelgt) Ich wär schon gern dabei gewesen.
OOL BORK
Ja. Das hätte ich auch gerne gesehen.
OOL CORD
Wie die beste Kuh vom Bauern den Sitzungssaal stürmt und sich gegenüber von deinem Vater hinsetzt.
OOL BORK
Ging eigentlich auch so weit gut … (Grient) … bis dein Vater rot angelaufen ist vor Wut.
OOL AKIM
Das hat die Susi irgendwie nicht gemocht.
OOL BORK
Nee. Ist nicht schön, wenn ein Rindviech seine Fassung verliert.
OOL CORD
Welches von beiden?
OOL BORK
(Grient) Die Susi.
JAN
(Amüsiert) Dann kann ich wohl froh sein, dass das heute die letzte Sitzung hier in der Kneipe ist. Ab nächste Woche soll der Sitzungssaal wieder fertig sein.
OOL CORD
(Schwärmt) Ja. Die Susi. Ach, wenn die erst einmal in Fahrt ist …

JAN
600 Jahre Dreepshöven … und fast genauso lange brauchen sie, um das Fest vorzubereiten.

OOL BORK
Und worüber wollen die beiden heute streiten?

OOL AKIM
Bist 'nen feiner Kerl, Jan. Hast so'n dösigen[1] Vater nicht verdient.

JAN
(Lacht) Ach. Mein Vater ist nicht das Problem … (Zögert kurz) … und der Bauer eigentlich auch nicht.

OOL CORD
Ja. Hast recht. (Sinniert) Das Ganze ist eher ein kosmisches Problem. Eine Frage … von Zeit und Raum.

(Fragender Blick der anderen.)

Die beiden: Der Bauer und der Wirt. Zur gleichen Zeit. Im gleichen Raum. Das geht nicht gut.

(Frau Pastor erscheint.)

JAN
Moin, Frau Pastor.

FRAU PASTOR
Moin, Jan. Na. Soll ich dir helfen? Du siehst aus, als würdest du wieder einmal die ganze Arbeit alleine machen müssen.

JAN
Bin gleich fertig. Danke.

FRAU PASTOR
Bist du sicher? Warte. Ich seh, du musst noch die Tische zusammenstellen. Ich fang schon mal an.

(Frau vom Pastor beginnt damit, die Tische zu säubern und umzustellen. Jan ist mit dem Spülen der Gläser fertig und hilft ihr.)

OOL BORK
Eine feine Frau, die Frau Pastor. Nicht?

OOL CORD
Ja. Immer so hilfsbereit.

OOL AKIM
Ach ja. Wenn man doch jünger wär.

(Mit einem Seufzen betrachten die drei Alten verträumt Frau Pastor. Den Kopf haben sie auf dem Stock gestützt.)

FRAU PASTOR
(Lächelnd) Was sagt ihr?

---

1 dumm, merkwürdig, nervig

OOL CORD
Nichts, Frau Pastor.

OOL BORK
Mach ruhig weiter.

OOL AKIM
Wir träumen nur ein bisschen.

(Pastor erscheint.)

JAN
Moin, Pastor. Wollt Ihr Euch nicht hierher setzen?

(Pastor nickt. Wirkt etwas scheu.)

FRAU PASTOR
Ich werd mal in der Küche nachsehen, ob es da noch etwas zu tun gibt.

(Pastor und Frau sehen sich kurz an. Pastor weicht dem Blick seiner Frau aus. Frau Pastor geht in die Küche. Jan wundert sich, weil sie mitten in der Arbeit geht. Von draußen ist Lärm zu hören.)

OOL BORK
Sie kommen.

(Ool Cord sieht kurz aus dem Fenster.)

OOL CORD
Der Bürgermeister sieht schon jetzt ganz krank aus. Richtig leid kann er einem tun, der arme Mann.

OOL BORK
Ich glaube, er ist der erste Bürgermeister im ganzen Land, der sich nie um sein Amt beworben hat.

(Bürgermeister betritt den Raum. Wundert sich, dass ihm niemand folgt. Begreift. Will nicht selbst entscheiden. Wirft eine Münze.)

BÜRGERMEISTER
Du zuerst, Bauer.

(Bauer betritt mit zwei Begleitern den Raum. Setzt sich an eine Seite des Tisches. Wirt folgt ihm - ebenfalls mit zwei Begleitern.)

BAUER
Fang an, Bürgermeister. Wir haben nicht alle so viel Zeit wie der Herr Wirt. Meine Kühe warten nicht.

BÜRGERMEISTER
(Beginnt zögernd) Hiermit eröffne ich die letzte Sitzung des Festausschusses … zur Planung der 600-Jahre-Feier von Dreepshöven. Wir … Wir haben uns heute zusammengefunden …

WIRT
Komm zur Sache, Bürgermeister. Sonst heißt es wieder, wir wären schuld, wenn die Milch von seinen Kühen sauer wird. (Herausfordernd) Wenn ich 'ne Kuh wäre, würde meine Milch auch sauer werden, wenn ich morgens als Erstes dem sein Gesicht seh.

BAUER
(Trocken) Wenn du 'ne Kuh wärst, würde ich von Milchvieh auf Schlachtvieh umsteigen.

(Bauer und Wirt müssen zurückgehalten werden.)

BÜRGERMEISTER
Es geht in der Sitzung heute darum, zu entscheiden, welchen Weg der Festzug nehmen soll und …

(Bricht ab. Sieht ängstlich zu Bauer und Wirt.)

… wer den Festzug anführen soll.

(Bauer und Wirt stehen gleichzeitig auf.)

(Lächelt matt) Ja. Das habe ich mir gedacht.

(Bürgermeister setzt sich schicksalsergeben.)

BAUER
Werter Gemeinderat.

(Vergewissert sich der Zustimmung seiner Begleiter.)

Wie hier wohl jeder weiß, haben meine Vorfahren dieses Dorf vor nun bald 600 Jahren gegründet. Ohne sie …

WIRT
Du meinst: *Meine* Vorfahren.

(Wirt sieht verärgert zu Bauer. Der lächelt herausfordernd.)

BAUER
… und deshalb ist ohne jeden Zweifel, welchen Weg wir an diesem wichtigen Tag nehmen: Natürlich starten wir von *meinem* Hof und fahren dann von dort aus weiter die Hauptstraße runter …

WIRT
Das glaubst auch nur du.

BAUER
Und in der ersten Reihe fahre ich …

                    (Holt eine Brieftasche aus der Jacke und öffnet
                    sie beinahe andächtig. Eine Sammlung von Bil-
                    dern klappt heraus.)

… mit meinem Deutz F3L 514.

                    (Wirt holt ebenfalls eine Brieftasche aus der
                    Jacke und öffnet sie langsam. Auch bei ihm klappt
                    eine Sammlung von Bildern heraus.)

WIRT
In der zweiten Reihe kannst du gerne fahren. Aber in der ersten Reihe fahre ich mit meiner BMW Isetta.

BAUER
Mit einer Isetta? Das ist nicht dein Ernst.?

                    (Bauer und Wirt sehen sich herausfordernd an.)

WIRT
Das wirst du schon sehen.

BAUER
(Siegessicher) Hanomag R 455 ATK, Baujahr 1961.

                    (Bürgermeister hebt die Hand.)

WIRT
Mercedes-Benz 190SL, 105 PS, Baujahr 1960.

BAUER
Lanz Bulldog D9532, 45 PS, 10,3 Liter Hubraum. Baujahr 1950!

WIRT
Audi DKW F8, Baur Coupe. Baujahr 1939!

                    (Bürgermeister meldet sich erneut.)

BAUER, WIRT
(Gereizt) Was ist, Bürgermeister?

                    (Bürgermeister steht ängstlich auf. Sein Blick
                    wandert zwischen Bauer und Wirt hin und her.)

BÜRGERMEISTER
Wir können … Ich meine … Das geht nicht.

BAUER, WIRT
Bürgermeister!

BÜRGERMEISTER
(Herauspressend) Wir können die Hauptstraße nicht nehmen.

BAUER, WIRT
(Irritiert) Nicht?

                (Bürgermeister möchte davonlaufen, wird aber von
                den anderen auf seinem Stuhl festgehalten.)

OOL BORK
(Grient) Hehe. So sicher wie er war noch nie ein Bürgermeister auf seinem
Stuhl.
BÜRGERMEISTER
In Drichtersen … In Drichtersen wird noch immer gebaut. Unsere Hauptstra-
ße darf deshalb nicht gesperrt werden.

                (Keine Reaktion.)

Nichts zu machen.
BAUER
Nichts?
BÜRGERMEISTER
Nee.
WIRT
Sicher?
BÜRGERMEISTER
Ja.
WIRT
Wenn das so ist.

                (Bauer und Wirt klappen die Bilder wieder ein
                und setzen sich. Alle atmen auf.)

BAUER
Aber natürlich fahren wir trotzdem von meinem Hof aus los.
WIRT
Nee. Losfahren tun wir von hier. Von dieser Kneipe aus.
BAUER
Niemals!

                (Bauer und Wirt belauern sich.)

BÜRGERMEISTER
(Vorsichtig) Und wenn wir …

                (Geht zögernd zur Tafel hinüber. Fährt mit sei-
                nem Finger über die Karte vom Dorf.)

Und wenn wir vom Dorfplatz aus losfahren und dann weiter hinüber zur Fest-
wiese?
BAUER
(Beleidigt) Von mir aus.

WIRT
Ja. Aber nur, wenn wir vom Dorfplatz aus die Raiffeisenstraße nehmen. (Zu Bauer) Schließlich hat mein Vater die damals gegründet.

BAUER
(Süffisant) Die Straße?

WIRT
Die Bank, du Hornochse!

BAUER
Wir nehmen den Feldweg. Da hat mein Großvater zum ersten Mal einen Acker mit dem Trecker gepflügt.

WIRT
(Spöttisch) Mit dem Trecker … Das war sicherlich ein historisches Ereignis! Kannst du in jedem Geschichtsbuch finden. Dein Großvater …

BAUER
(Kurz) Das musst du entscheiden, Bürgermeister.

WIRT
Ja.

(Bürgermeister erschrickt. Hatte nicht mit der Wendung gerechnet.)

BÜRGERMEISTER
Ich? Ohneeohneeohnee.

(Dreht sich in seiner Bedrängnis um. Sucht verzweifelt nach seiner Münze. Wirft sie heimlich. Dreht sich wieder um.)

Ihr wollt wirklich, das ich …?

(Keine Antwort.)

Raiff…eisenstraße …?

WIRT
Hah!

(Bauer schmollt. Bürgermeister zögert. Zeichnet dann den Weg auf dem Plan ein.)

BAUER
Aber dann nehmen wir von da aus den Mühlenweg.

BÜRGERMEISTER
… Mühlenweg …

WIRT
Und weiter durch die Ziegeleistraße …

BÜRGERMEISTER
… Ziegeleistraße …

(Bürgermeister kommt kaum mit.)

7

BAUER
Holzpfad …
BÜRGERMEISTER
… Holz … (Stockt) Holz… Das … Das geht nicht.

> (Bauer und Wirt sehen überrascht zu Bürgermeister.)

Ich meine: Hier! Die beiden Wege kreuzen sich. Dann ist das Ende vom Festzug noch nicht durch, wenn die ersten …

> (Beschreibt das Problem umständlich mit den Armen. Gibt auf.)

Das geht einfach nicht.
BAUER
(Beleidigt) Dann bauen wir da eben eine Ampel hin.
ALLE
(Überrascht. Entsetzt) Eine Ampel?!

> (Alle sehen zu Wirt. Bauer und Wirt sehen sich lange herausfordernd an.)

WIRT
(Herausfordernd) Ja. Eine Ampel!
BÜRGERMEISTER
Können wir nicht einen anderen Weg …

> (Drohender Blick von Bauer und Wirt.)

Eine Ampel. Ja. Ich bin sicher. Das wird die beste Lösung sein.

> (Zeichnet eine Ampel ein.)

(Zu sich. Murmelnd) Geh nach Dreepshöven, haben sie gesagt. Da kannst du was werden, haben sie gesagt. Und was bin ich jetzt? Hah!
WIRT
Was sagst du, Bürgermeister?
BÜRGERMEISTER
Nichts. Ich zeichne nur den Weg ein.

> (Zeichnet weiter.)

Von der Ziegeleistraße aus können wir nur den Friedhofsweg nehmen.

> (Bauer und Wirt wollen etwas sagen. Ihnen fällt aber nichts ein.)

Von da aus ist es dann nicht mehr weit. Am Bach entlang bis zum … Oh. Neh!

BAUER
Am Bach entlang …
WIRT
… bis zum Bachsprung!

(Bauer und Wirt stehen auf.)

BAUER
(Mit Pathos) Da, wo meine Vorfahren …
WIRT
(Ebenfalls mit Pathos) … wo meine Vorfahren …
BAUER
… zum ersten Mal dieses Gebiet hier betreten haben. Vor bald 600 Jahren. (Verklärt) Wo sie von weit her kommend … hinüber gesprungen sind über den Bach.

(Beide legen ergriffen die Hand auf ihr Herz.)

WIRT
Die Geburtsstunde von Dreepshöven!
BAUER
Ein Höhepunkt in der Geschichte von diesem Land. Ein kleiner Sprung nur für meine Vorfahren …

(Bauer ist sichtlich bewegt.)

WIRT
Du meinst: Für meine Vorfahren.
OOL AKIM
Ich möchte euch ja nicht stören in all eurer Ergriffenheit, aber der Bach ist an der Stelle heute viel breiter als früher. Wie wollt ihr da eigentlich rüberkommen?

(Bauer und Wirt sehen sich fragend an. Dann reift langsam ein Gedanke in ihnen. Zum ersten Mal sind sie sich einig.)

BAUER
Eine Brücke.
WIRT
Ja. Wir bauen eine Brücke!
BÜRGERMEISTER
Aber …
BAUER
Wir bauen eine Brücke. Über den Bach! Als Erinnerung an eine großen Moment in der Geschichte von diesem Dorf. Und im Andenken an meine Vorfahren werden wir sie nach ihnen benennen.

(Alle sehen jetzt zu Wirt. Der lässt sich Zeit.)

WIRT
(Herablassend) Wir wissen alle, dass meine Vorfahren dieses Dorf gegründet haben. Aber wenn der Bauer darauf besteht … (Lächelt siegessicher) bauen wir eben zwei Brücken.

ALLE
Zwei Brücken?

WIRT
Die zweite Brücke wird natürlich größer als die vom Bauern und … nach *meinen* Vorfahren benannt.

BAUER
Davon träumst du. Aber das kennen wir ja vom Herrn Wirt. Erst viel versprechen …

WIRT
Wirst schon sehen!

BAUER
Grootmuul.[2]

WIRT
Sabbelbüdel![3]

BÜRGERMEISTER
Aber …

BAUER
Eenfoldig Tüffelachteihn![4]

WIRT
(Fällt keine Steigerung mehr ein) Buer!

(Beide beginnen eine Rangelei. Gesa, die Tochter des Bauern, betritt währenddessen eher unbemerkt den Raum. An ihrer Seite ein Mann, der wegen seiner dunklen Hautfarbe von allen überrascht betrachtet wird. Der Mann stellt zwei große Koffer ab.)

?

GESA
Vater.

(Keine Reaktion.)

Vater!

(Bauer und Wirt unterbrechen ihren Kampf. Verharren in einer eher zweideutigen Position. Arm in Arm. Wange an Wange.)

BAUER
Gesa?

WIRT
Hallo Gesa.

2 *Großmaul*
3 *Schwätzer*
4 *einfältiger Dummkopf*

FRIEDEMANN

(Amüsiert) Ist das dein Vater?

(Gesa nickt. Friedemann sieht zu Wirt.)

Dann ist das der Wirt, von dem du mir erzählt hast?

GESA

Ja.

FRIEDEMANN

Hast du nicht gesagt, dass die beiden sich nicht leiden können?

(Betrachtet amüsiert Bauer und Wirt.)

Im Moment sehen die eher aus, als wenn sie sich ganz doll lieb haben.

(Bauer und Wirt bemerken ihre verfängliche Position. Lösen sich voneinander.)

BAUER

Und wer ist *er*?

(Alle warten neugierig auf Gesas Antwort.)

GESA

Das ist mein Freund.

(Wirt grient.)

BAUER

(Schluckt) Dein Freund?

GESA

Ja, Vater.

(Engel geht auf Bauern zu. Gibt ihm die Hand.)

FRIEDEMANN

(Offen. Freundlich) Friedemann Engel. Freut mich, Gesas Vater endlich kennenzulernen.

(Alle amüsieren sich.)

JAN

Friedemann Engel?

FRIEDEMANN

Ja.

JAN

(Ablehnend) Das ist doch kein Name. Hört sich eher an …

GESA

Halt dich da raus, Jan.

FRIEDEMANN

Meine Eltern hielten es für eine gute Idee. Sie meinten, ich sollte einen Namen haben …

(Sieht lachend an sich herunter.)

… der ein wenig von mir ablenkt. Und es ist wahr: Immer, wenn ich meinen Namen nenne, sehe ich fröhliche Gesichter.

JAN

(Ironisch) Das glaube ich gern.

GESA

Und du, Vater? Willst du mich nicht endlich richtig begrüßen? Wir haben uns lange nicht gesehen.

BAUER

Ja. Komm her, meine Kleine. Du hast mir gefehlt.

(Umarmt Gesa liebevoll. Sieht zu Friedemann.)

(Zu Gesa) Dein Freund?

GESA

Ja, Vater.

BAUER

Und wo kommt er her?

GESA

Aus Hamburg.

BAUER

Nee. Ich meine: Wo ist er geboren?

GESA

Warum fragst du ihn nicht einfach selbst? Er kann sprechen.

(Bauer betrachtet Engel prüfend.)

FRIEDEMANN

Mein Vater ist aus Dithmarschen.

(Allgemeine Irritation.)

JAN

(Lächelnd) Aber deine Mutter ist sicher nicht von hier?

FRIEDEMANN

(Freundlich) Nee. Die ist von Güstrow.

(Große Irritation.)

Aber meine Oma ist eine Oromo.

(Noch größere Irritation.)

(Lachend) Aus Afrika!

ALLE

(Erleichtert) Aaah.

GESA

Schön, endlich mal wieder hier zu sein. Ich hätte nicht gedacht, dass mir der Geruch von Kuhmist einmal so fehlen könnte.

BAUER

Du warst wirklich schon lange nicht mehr hier.

GESA

Nee. Da hast du recht.

BAUER

Wir haben dich nicht so früh erwartet. Du wolltest doch erst nächste Woche kommen.

WIRT

(Freundlich. Fast ein wenig verliebt) Du hast doch sicher viel zu tun, so als berühmte Köchin? Sogar im Fernsehen bist du jetzt zu sehen. Und einen Stern hast du auch.

GESA

Davon weißt du? Ich hätte nicht gedacht …

WIRT

(Verlegen) Ich hab alle deine Sendungen gesehen.

GESA

Alle?

(Wirt weicht Gesas Blick aus. Zeichnet mit seinem Fuß verlegen Figuren auf den Boden. Gesa muss lächeln.)

OOL AKIM

Hörst? Kaum ist eine schöne Frau dabei, meint man, die beiden hätten Kreide gefressen.

(Gesa sieht zu den drei Alten. Die werden ganz verlegen. Winken.)

GESA

(Zu Bauer) Weißt du, ich musste einfach mal wieder raus aus der Stadt. Und ein wenig Urlaub bei meinem Vater ist jetzt genau das Richtige für mich. Außerdem wollte ich unbedingt bei der 600-Jahr-Feier dabei sein.

OOL BORK

Und kochst du auf dem Fest auch was für uns?

(Tochter sieht sich um. Friedemann hat währenddessen einen Plan entdeckt. Geht langsam zur Tafel.)

OOL CORD

Oh, ja.

GESA

(Lacht) Na. Mal sehen. Vielleicht. Ist ja noch ne Weile hin.

FRIEDEMANN
Und wie ich seh, seid ihr auch schon bei der Planung.

> (Betrachtet den Plan. Stutzt.)

Eine Ampel?

> (Alle nicken schuldbewusst. Friedemann fährt mit
> dem Finger den eingezeichneten Weg nach. Stutzt
> wieder.)

Und zwei Brücken? (Heiter) Das ist ja gediegen.[5]

> (Friedemann entdeckt unter der ersten Karte noch
> eine weitere Karte.)

Und was ist das für ein Plan?
WIRT
Plan? (Betont unauffällig) Das war für später. Für den Gemeinderat. Nicht
wichtig. Überhaupt nicht.
FRIEDEMANN
Aber das ist doch dieses Grundstück hier?
WIRT
Nee. Das glaub ich nicht. (Unschuldig) Neeeeh.

> (Bauer wird mißtrauisch.)

FRIEDEMANN
(Mit dem Finger über die Karte fahrend) Aber die Kneipe … Der See … Den
hab ich eben noch da draußen gesehen. Hier ist der Wald. Und was ist das
für ein Grundstück?

> (Bauer kommt näher.)

BAUER
Das ist *mein* Grundstück! (Richtung Wirt) Mit der einzigen Zufahrt zur
Hauptstraße. Ohne die ist dieses Grundstück hier kaum etwas wert.
WIRT
Das wird sich ja nun bald ändern.

> (Bauer sucht weiter. Entdeckt etwas. Sieht sich
> zum Wirt um.)

BAUER
Wegerecht?

> (Liest weiter. Stockt.)

Enteignung? Was hast du dir jetzt wieder ausgedacht? Das schaffst du nie!

14

WIRT

Wirst schon sehen.

BAUER

Aber da kannst du sicher sein: Irgendwann gehören die beiden Grundstücke mir!

WIRT

Nur über meine Leiche.

BAUER

Das kannst du haben!

          (Beide beginnen erneut eine wilde Rangelei.)

GESA

Friedemann!

          (Wirt springt von hinten auf Bauer. Friedemann tritt langsam in deren Weg. Wirt stößt mit dem geduckten Kopf gegen seine Brust. Bauer und Wirt sehen an Friedemann hinauf.)

FRIEDEMANN

(Entspannt) Also, so wie ich das sehe … habt ihr jetzt genau drei Möglichkeiten …

          (Bauer und Wirt sind irritiert. Engel legt den Kopf wieder zur Seite.)

Ich weiß nicht. Seid ihr sicher, dass ihr beiden euch nicht leiden könnt?

          (Bauer und Wirt erkennen ihre verfängliche Haltung. Lassen voneinander ab.)

WIRT

Wie meinst du das? Drei Möglichkeiten?

          (Engel geht langsam zur Tafel.)

FRIEDEMANN

Wenn ich es richtig verstehe, gehört dieses Grundstück hier dir …

          (Bauer nickt.)

… und dieses gehört dem Wirt?

          (Wirt nickt.)

Und jeder will das Grundstück vom anderen, weil er sonst sein eigenes Grundstück nicht richtig nutzen kann. Richtig?

BAUER

Ja. Richtig.

WIRT
Ja!
FRIEDEMANN
Aber verkaufen will keiner von euch?
BAUER, WIRT
Niemals!
FRIEDEMANN
(Mehr zu sich) Dann hab ich das richtig verstanden. Schade. Das wäre die erste Lösung gewesen.

(Denkt nach.)

Und gemeinsam …?

(Betrachtet Bauer und Wirt prüfend.)

Nee. Ich glaube, das wird auch nichts.
BAUER
Gemeinsam? Ich mit dem?
WIRT
Niemals!

(Friedemann nickt mit dem Kopf.)

FRIEDEMANN
Dann bleibt euch nur noch eins.

(Lässt sich Zeit. Alle betrachten Friedemann voller Erwartung.)

Ihr müsst um die beiden Grundstücke spielen!
PASTOR
(Entrüstet) Aber das geht nicht.
FRIEDEMANN
Pastor?

(Pastor tritt mit der Bibel in der Hand vor.)

PASTOR
Spielen ist Sünde! Ein Verbrechen gegen den Herrn. Die Bibel …
WIRT
Halt dich da raus, Pastor. Davon verstehst du nichts.
PASTOR
Aber die Bibel sagt …
BAUER, WIRT
(Lautstark) Pastor!

(Pastor zieht sich wieder zurück. Bauer und Wirt finden Gefallen an der Idee von Friedemann.)

BAUER

Darum spielen? Wie meinst du das?

(Keine Antwort.)

Und was ist, wenn ich verliere?

FRIEDEMANN

Du könntest aber auch gewinnen. Dann würde das alles hier dir gehören.

BAUER

Das alles …

FRIEDEMANN

Ja. Dir allein!

WIRT

Alles meins. Und wie … Ich meine …

BAUER

(Ungeduldig) Wie stellst du dir das vor? Sollen wir etwa eine Münze werfen?!

FRIEDEMANN

Nein. Ich dachte da an etwas ganz anderes. (Zu den anderen Gästen) Helft mir einmal. Wir müssen das zur Seite stellen.

(Alle helfen ihm, die Tische zur Seite zu räumen.)

GESA

Was hast du vor?

FRIEDEMANN

(Zu Bauer und Wirt) Ich bin sicher, ihr beide kennt das Spiel.

(Malt mit Kreide einen großen Kreis auf den Boden und setzt einen Stuhl hinein.)

WIRT

Ich verstehe nicht …

FRIEDEMANN

Als Kinder habt ihr es sicher sehr oft gespielt. Nennen wir es einfach … *die »Reise nach Dreepshöven«.*

WIRT

Die Reise nach …

BAUER

… Dreepshöven?

FRIEDEMANN

Ja. Die Spielregeln sind ganz einfach: Wenn ich »Los« rufe, lauft ihr beide um diesen Kreis herum. Und wer als Erster auf diesem Stuhl sitzt, nachdem ich »Halt« gerufen habe, der bekommt die beiden Grundstücke.

BAUER

(Zögernd) Beide Grundstücke?

FRIEDEMANN

Ja. Beide Grundstücke.

JAN

(Ablehnend) Vater …!

FRIEDEMANN

Ihr seid doch zwei gestandene Geschäftsmänner. Und Geschäftsmänner wie ihr erkennen immer eine Chance, wenn sie sich ihnen bietet. Und greifen zu.

> (Bauer und Wirt fühlen sich geschmeichelt, zögern aber noch.)

(Lächelt) Oder fehlt euch etwa der Mut?

BAUER

(Nachdenklich) Also gut.

WIRT

Ja.

BAUER

In Ordnung. Wenn der Wirt nicht kneift …

WIRT

(Beleidigt) Fangen wir endlich an. Ich hab noch zu tun.

FRIEDEMANN

Dann stellt euch jetzt nebeneinander auf.

> (Beide stellen sich auf.)

Achtet darauf, den Kreis nicht zu früh zu betreten. Und ich habe euer Wort? Vor Zeugen? Der Erste, der auf diesem Stuhl sitzt, nachdem ich »Halt« gerufen habe, bekommt beide Grundstücke?

BAUER

Ja. Versprochen.

WIRT

Mein Wort hast du.

> (Friedemann tritt langsam in den Kreis hinter den Stuhl.)

FRIEDEMANN

Also gut. Dann fangen wir an: 3, 2, 1 … Los!

> (Ein nicht immer ganz faires Wettrennen beginnt.)

Ja. Gut so. Weiter.

> (Bauer und Wirt werden jetzt auch von ihren Begleitern angefeuert. Friedemann tritt langsam vor Stuhl.)

Halt!

> (Friedemann setzt sich in aller Ruhe auf den Stuhl. Bauer und Wirt behindern sich gegenseitig. Kommen vor Friedemann zum Liegen. Lange Pause. Stille.)

OOL CORD
Ich mag ihn.
OOL BORK
Ja. Er ist klug.
OOL AKIM
Und er hat Humor.
OOL BORK
Wie lange die beiden wohl brauchen?
BAUER
Was soll das?!

(Bauer steht langsam auf.)

WIRT
Ja. Du spielst überhaupt nicht mit!

(Wirt steht ebenfalls auf.)

FRIEDEMANN
Bist du sicher? (Grient) Habe ich das etwa irgendwann gesagt?

(Sieht sich um. Es dauert etwas, bevor alle zu
begreifen beginnen.)

WIRT
Wir beide sollten um den Stuhl herumlaufen …!
FRIEDEMANN
Ja.
BAUER
Und wer sich zuerst auf den Stuhl setzt, der sollte beide Grundstücke be-
kommen. So war das abgemacht.
FRIEDEMANN
Ja. So war das abgemacht. Aber ich habe nicht mit *einem* Wort gesagt, dass
das einer von euch beiden sein muss. Oder habt ihr das gehört?
BAUER
Du hast uns hereingelegt!
FRIEDEMANN
Ich habe nur nach den Regeln gespielt.
WIRT
Das kannst du nicht machen!

(Bauer läuft wütend hin und her.)

BAUER
Er hat uns reingelegt!
FRIEDEMANN
Ihr habt euer Wort gegeben. Vor Zeugen.!
WIRT
Uns reingelegt!

FRIEDEMANN
(Sieht zu Pastor) Sogar vor dem lieben Herrgott. Irgendwie.

(Alle amüsieren sich über Bauer und Wirt. Sobald diese zu ihnen herübersehen, weichen sie dem Blick schuldbewusst aus.)

WIRT
Das kannst du nicht …
FRIEDEMANN
Was kann ich nicht?
BAUER
Ach was. Der Teufel soll dich holen.

(Verlässt wütend die Kneipe. Öffnet noch einmal kurz die Tür.)

(Zu seinen Leuten) Und ihr kommt mit!

(Begleiter folgen dem Bauern langsam. Grüßen Friedemann dabei voller Anerkennung.)

GESA
Vater!

(Keine Antwort.)

Ich muss ihm nach.

(Gesa folgt ihrem Vater. Friedemann betrachtet erwartungsvoll Wirt.)

WIRT
Du …

(Wirt geht wütend ab. Auch seine Begleiter grüßen Friedemann beim Verlassen der Kneipe. Bürgermeister geht mit ab.)

3

(Friedemann bleibt mit Frau Pastor, Pastor und Jan zurück. Beobachtet die drei mit dem Rücken zum Publikum. Sie stehen weit auseinander. Wirken verloren. Es wird still.)

PASTOR
(Zitiert) »Er hat Macht geübt mit seinem Arm. Er hat zerstreut, die in der Gesinnung ihres Herzens hochmütig sind.«

FRIEDEMANN

(Nachdenklich) Manchmal sind nicht die wichtig, die gehen, sondern die, die in ihrem Schatten bleiben, Pastor.

> (Pastor sieht zu Friedemann, versteht ihn aber nicht.)

(Erklärend) Die Lauten wird man immer hören.

> (Jan geht langsam Richtung Tür.)

Was hast du vor?

JAN

Meine Koffer packen. Jetzt, wo dir alles hier gehört.

> (Geht ab. Pastor und seine Frau sehen sich an. Pastor weicht aus.)

FRAU PASTOR

(Sanft) Wie willst du den Menschen um dich herum helfen, wenn du doch in Wahrheit Angst vor ihnen hast?

> (Keine Antwort. Frau geht langsam ab.)

PASTOR

Ich sollte auch gehen. Ich muss noch die Gottesdienste vorbereiten …

> (Geht langsam auf Ausgang zu.)

FRIEDEMANN

(Überrascht) Ihr haltet … *zwei* Gottesdienste?

PASTOR

Ja. Sicher. *Einen* für den Bauern und seine Leute … und *einen* für den Wirt und seine Leute. Es ist meine Aufgabe, das Wort Gottes zu verkünden. Und wenn die Kirche zwei Mal zur Hälfte gefüllt ist, dann haben am Ende doch alle die Botschaft gehört.

> (Pastor will weitergehen.)

FRIEDEMANN

(Sanft) Und meint Ihr … dass sie sie dann auch verstanden haben? Ich meine: Die Botschaft?

> (Pastor ist irritiert.)

Dass Ihr sie verstanden habt, wenn Ihr es zulasst, dass Eure Gemeinde in zwei Teile geteilt ist?

PASTOR

Wenn ich nur noch *eine* Predigt halte, wird niemand mehr kommen.

FRIEDEMANN

Ihr habt wenig Vertrauen in Euren Gott …

(Pastor zögert. Will weitergehen.)

Kann ich Euch eine Geschichte erzählen?

(Pause. Stille.)

PASTOR

(Irritiert) Eine Geschichte? Jetzt?!

FRIEDEMANN

Es ist nur eine sehr kurze Geschichte. Und vielleicht werdet Ihr sie sogar kennen. Sie ist sehr alt und sehr bekannt. Sie handelt von einem Mullah, der Nasreddin hieß.

PASTOR

Von einem Mullah? Was …? (Irritiert) Ich weiß nicht …

FRIEDEMANN

(Lächelt) Er war ein Kollege von Euch. Zu seinen Aufgaben gehörte es, jeden Freitag eine Predigt über eine Sure des Koran zu halten. So, wie Ihr den Menschen aus der Bibel vorlest.

(Pastor sieht fragend zu Friedemann.)

Eines Tages kam er neu in ein Dorf und nach Verlesung der Sure fragte er seine Zuhörer: »Versteht ihr, was ich euch vorgelesen habe?« Die Antwort der Gläubigen war: »Nein.« Darauf sagte Nasreddin: »Dann brauche ich auch nicht weiter zu reden, weil das für euch ja sowieso zu schwierig ist.« Und er stieg von der Kanzel und schwieg.

(Friedemann setzt sich langsam.)

Die Dorfbewohner wunderten sich über ihren neuen Mullah, und machten aus, am nächsten Freitag anders zu antworten. Wieder fragte Nasreddin: »Versteht ihr auch, was ich gerade vorgelesen habe?« Diesmal sagten sie: »Ja.« Und Nasreddin antwortete: »Dann brauche ich es euch ja nicht noch einmal zu erklären.«

(Pastor versteht noch immer nicht.)

Die Dorfbewohner waren darüber etwas ungehalten und verabredeten, ihrem Mullah eine Falle zu stellen. Am dritten Freitag stieg Nasreddin wieder auf die Kanzel, las die Sure und fragte: »Versteht ihr auch, was ich gerade vorgelesen habe?« Diesmal sagten einige »Ja«, und einige »Nein«. Nasreddin sah sie lächelnd an, und antwortete: »Dann mögen doch bitte die, die es verstehen, es denen erklären, die es nicht verstehen.«

PASTOR

Warum erzählt Ihr mir das? Ich bin kein Mullah.! Was hat die Geschichte mit mir zu tun?

FRIEDEMANN

Wenn Ihr es nicht wisst, weiß ich es auch nicht.

> (Pastor versucht, Friedemann zu verstehen. Als
> es ihm nicht gelingt, dreht er sich Richtung
> Ausgang.)

Warum bittet Ihr nach Eurem nächsten Gottesdienst nicht diejenigen, die
Eure Predigt zuerst gehört haben …

> (Pastor sieht sich noch einmal um.)

… sie denjenigen zu erzählen, die sie noch nicht gehört haben? Und haltet
in Zukunft nur noch *einen* Gottesdienst? Für *einen* Gott.

> (Pastor geht nachdenklich ab. Nach einer Weile
> dreht Friedemann sich um und sieht zu den drei
> Alten.)

OOL AKIM

(Ernst) Er wird es nicht tun.

FRIEDEMANN

Weil ihm der Mut fehlt?

OOL AKIM

Nein. Würde es in der Bibel stehen, dann wäre er bereit, jeden Weg zu gehen. Kein Berg wäre ihm zu hoch und kein Meer zu weit. Er liebt die Menschen, musst du wissen. Irgendwie. Aber er versteht sie nicht. Er kennt
die Menschen nur so, wie die Bibel sie beschreibt: Schwarz oder weiß. Gut
oder böse.

OOL BORK

Und weil er sie nicht versteht, kann er ihnen nicht vertrauen. Und weil
er ihnen nicht vertraut, vertrauen sie ihm nicht.

FRIEDEMANN

Und die Frau, die gerade eben gegangen ist?

OOL BORK

Das ist die Frau vom Pastor. Sie hat hier ein Zimmer. Seit einiger Zeit.

FRIEDEMANN

Die Frau des Pastors?
(Zu sich) Was für ein merkwürdiger Ort …

> (Jan erscheint mit gepackten Koffern. Geht an
> Friedemann vorbei.)

Wohin willst du gehen?

> (Jan dreht sich um.)

JAN

Ist das wichtig? Hier ist kein Platz mehr für mich!

FRIEDEMANN

(Freundlich) Und warum nicht?

>   (Jan geht mit Koffern auf Friedemann zu und baut
>   sich vor ihm auf.)

JAN

Weil du mich sicher nicht in deiner Nähe haben willst! Jetzt, wo dir das
alles hier gehört. Und weil ich dich nicht leiden kann!

>   (Jan will gehen.)

FRIEDEMANN

(Sanft) Wir sind kein Paar.

JAN

Und wir werden es auch sicher nie werden!

FRIEDEMANN

Gesa und ich.

>   (Jan stellt langsam Koffer ab.)

Wir sind nur gute Freunde.

>   (Jan sieht sich um.)

AKT 2

(Einige Wochen später, am Tag des Festes. An der Wand hängt ein Banner mit der Aufschrift »600 Jahre Dreepshöven«. Friedemann und Jan sitzen gemeinsam an einem Tisch bei der Arbeit. Die drei Alten sitzen wieder an der Seite.)

1

FRIEDEMANN

Und dann buchst du das so: 5200 Wareneinkauf an 3310 Verbindlichkeiten. Oder 5200 Wareneinkauf an 1600 Kasse. Je nachdem. Rechne einfach selber noch einmal nach. So weit verstanden?

JAN

(Amüsiert) Ja. Eigentlich schon beim ersten Mal.

FRIEDEMANN

(Stirnrunzelnd) Merkwürdig. Ich habe drei Mal gebraucht. Und wenn ich ehrlich bin: So *richtig* verstanden habe ich es immer noch nicht.

JAN

Ich könnte die Buchhaltung in der nächsten Zeit auch alleine machen. Dann müsstest du nur noch überprüfen, ob ich alles richtig gemacht habe.

FRIEDEMANN

Bist du sicher?

JAN

Nein. (Lacht) Aber mit Zahlen konnte ich schon immer umgehen.

FRIEDEMANN

(Herausfordernd) Das hast du wohl von deinem Vater.

JAN

(Heiter) War das jetzt eine Beleidigung?

(Steht auf. Geht zur Theke.)

Kann ich dich etwas fragen? Warum tust du das alles für mich? Ich war am Anfang nicht gerade freundlich zu dir. Du lässt mich die Kneipe führen. Du bringst mir Buchhaltung bei …

FRIEDEMANN

(Rechnet noch) Ich bin ein schlechter Wirt.

(Jan versteht nicht. Friedemann sieht auf.)

Du weißt, wie man eine Kneipe führt. Viel besser als ich es jemals tun werde. Du bist damit aufgewachsen. Und jetzt verstehst du auch noch etwas von Buchhaltung. (Lächelt) Mehr Arbeit für dich und weniger Arbeit für mich.

JAN

Du hättest mich trotzdem rauswerfen können. Warum hast du es nicht getan?

FRIEDEMANN

(Nachdenklich) Ich mag es nicht, Dinge nur zu verändern, um mir oder anderen etwas zu beweisen. Du verstehst etwas von deiner Arbeit. Also warum hätte ich dich ersetzen sollen? Und durch wen? Man sollte immer nur dann Dinge verändern, wenn man sie auch durch etwas Besseres ersetzen kann.

JAN
Es tut mir trotzdem leid.

(Arbeitet einige Zeit weiter.)

FRIEDEMANN
Vielleicht wäre es anders gewesen, wenn du gleich gewusst hättest, dass
Gesa und ich nur Freunde sind, aber kein Paar.
JAN
Gesa?
FRIEDEMANN
Du hast sie doch gern. Oder nicht?
JAN
Gesa und ich. Das geht nicht.
FRIEDEMANN
Weil eure Väter sich ständig die Köpfe einschlagen? Ihr wäret nicht die
ersten …
JAN
Nein. Es geht einfach nicht! Das kannst du nicht verstehen.

(Wischt Theke ungewöhnlich intensiv. Friedemann
begreift, dass Jan nicht über Gesa sprechen möchte. Wechselt das Thema.)

FRIEDEMANN
Waren dein Vater und der Bauer eigentlich immer schon so?
JAN
Nein. Nicht immer.

(Sieht langsam auf. Unterbricht Arbeit. Dank-
bar, dass Friedemann das Thema gewechselt hat.)

Man kann es sich jetzt wirklich nicht mehr vorstellen, aber sie sollen
früher sogar beste Freunde gewesen sein.
FRIEDEMANN
Freunde? Die beiden?
JAN
Ja. Aber das ist lange her.
FRIEDEMANN
Und was ist passiert?
JAN
Genau weiß ich es auch nicht. Da war ich noch nicht geboren.
Irgendwann sollen sich beide in das gleiche Mädchen verliebt haben. Aber
anstatt das Mädchen selbst entscheiden zu lassen, wen sie will, haben sie
mit einem Wettstreit begonnen. Das Mädchen ist wohl irgendwann gegangen,
weil es ihr zu viel wurde, aber der Wettstreit ist geblieben und von Jahr
zu Jahr schlimmer geworden.
FRIEDEMANN
Und jetzt gehört den beiden das ganze Dorf?

JAN

Um genau zu sein: Jedem gehört genau *eine* Hälfte. Und jeder Bewohner im Dorf muss sich entscheiden, zu welcher Hälfte er gehören will. Deshalb haben wir auch alles doppelt: Zwei Frisöre, zwei Fleischer, zwei Bäcker.

FRIEDEMANN

So langsam verstehe ich. Ich hatte mich schon gewundert. Und dass der Name eurer Hauptstraße sich immer wieder ändert, hat das auch mit dem Streit zu tun?

JAN

Du hast die beiden kennengelernt. Jeder wollte die Straße unbedingt nach seinem Vater benennen. Und weil die Menschen im Dorf in Frieden miteinander leben wollen, haben sie eben zwei Schilder gemacht. Einer im Dorf musste dann immer darauf achten, wo der Bauer und mein Vater gerade waren, um die Schilder rechtzeitig zu tauschen.

FRIEDEMANN

Auch mehrmals am Tag?

JAN

Manchmal sogar mehrmals in der Stunde. (Lächelt) Aber inzwischen sind wir einen Schritt weiter. Jetzt stellen sich die Schilder ganz von alleine um. Wir müssen uns nicht mehr darum kümmern.

(Die drei Alten grienen.)

FRIEDEMANN

Von alleine?

JAN

Ja. Von alleine. Eigentlich hat damit alles angefangen.

FRIEDEMANN

Was hat damit angefangen?

JAN

Na, ja. Wenn zum Beispiel das Sägewerk Holz brauchte, konnte das natürlich nicht direkt geliefert werden. Das Sägewerk gehört meinem Vater und dem Bauern gehört der meiste Wald hier. Das verstehst du doch?

FRIEDEMANN

(Heiter) Ja. Natürlich verstehe ich das.

JAN

Meinem Vater wäre sofort aufgefallen, woher das Holz kommt. Also sind wir mit dem Laster ins Nachbardorf gefahren. Da haben wir dann die Beschriftungen ausgewechselt und sind wieder zurückgefahren.
Irgendwann ist dann alles so aufwendig geworden, dass sich die Dorfbewohner zusammengetan haben, um im Nachbardorf ein eigenes Geschäft zu gründen.

FRIEDEMANN

(Ungläubig) Das ist nicht wahr?

(Friedemann sieht fragend zu den drei Alten. Die nicken zustimmend.)

OOL AKIM

»Swinnel und Co«[6], Täuschungen aller Art.

JAN
Warte.

> (Geht zum Tresen. Greift darunter und legt Friedemann ein kleines Gerät auf den Tisch.)

FRIEDEMANN
Was ist das?
JAN
War lange unser Verkaufsschlager. Probier's aus!

> (Friedemann drückt auf einen Knopf. Es sind Flughafengeräusche zu hören.)

Für den Geschäftsmann, der seiner Frau erklären muss, warum er nicht rechtzeitig nach Hause kommen kann.

> (Friedemann drückt auf den zweiten Knopf. Geräusche wie aus einem Bahnhof.)

Das ist die Luxusausführung. Versuch den dritten Knopf!

> (Friedemann drückt den dritten Knopf.)

»Herr Meier, bitte legen sie jetzt auf. Die Sitzung geht weiter«.

> (Friedemann schüttelt ungläubig den Kopf.)

Für jeden Kunden ganz individuell.
FRIEDEMANN
»Swinnel und Co«?
JAN
Jedes Jahr ist dann alles ein bisschen größer geworden. Inzwischen sind wir sogar weltweit tätig. (Lacht) Du kannst dir gar nicht vorstellen, was für ein gutes Geschäft man mit Schwindeleien machen kann. Die Menschen wollen nun einmal betrogen werden.
FRIEDEMANN
(Zu sich) Weltweit …
JAN
Alles in diesem Dorf ist Täuschung. Und alles gibt es in doppelter Ausführung.
FRIEDEMANN
Wirklich alles?
JAN
Ja.
FRIEDEMANN
Die Hochzeiten?
JAN
Ja. Sicher. Aber frag nicht, wie anstrengend das ist: Zwei Junggesellenpartys hintereinander. Zwei Hochzeitsessen. Sogar zwei … (Stockt)

FRIEDEMANN
(Ungläubig) Zwei …

(Deutet das Herablassen eines Sarges an.)

… Beerdigungen?

(Jan und die drei Alten nicken schuldbewusst.)

Oh Hauehaueha! Und es gibt niemanden, der dagegen etwas tun kann? Auch du nicht?
JAN
Gegen die beiden Streithähne? Du hast sie selbst erlebt.
FRIEDEMANN
Der Pastor vielleicht?
JAN
Der Pastor ist ganz sicher ein frommer Mann. Ein Mann der Kirche. Aber er versteht nur sehr wenig von den Menschen.
FRIEDEMANN
Und du meinst nicht, dass er sich ändern könnte?
JAN
Nee. Obwohl … Vor ein paar Tagen hat er tatsächlich zum ersten Mal etwas gemacht, das uns alle überrascht hat. Nach der Predigt ist er von der Kanzel gestiegen und hat erklärt, dass er in Zukunft nur noch einen einzigen Gottesdienst für alle zusammen halten will.

(Die drei Alten schmunzeln.)

Aber vermutlich steht das irgendwo genau so in der Bibel. Sonst hätte er sich das nie getraut.
FRIEDEMANN
(Lächelt) Vermutlich.

(Jan hat seine Arbeiten erledigt.)

(Beiläufig) Du musst noch die Karten für morgen schreiben. Meine Handschrift kann niemand lesen. Ich hab dir alles da hingelegt.

(Jan wird erkennbar nervös.)

JAN
(Ausweichend) Ich dachte, das könntest *du* machen.
FRIEDEMANN
Tut mir leid: Wenn du die Kneipe alleine führen willst, musst du in Zukunft auch die Schreibarbeiten machen. Ist doch nicht viel.

(Keine Antwort.)

Was ist? Was hast du?

JAN
Dann … dann musst du dir vielleicht einen anderen suchen.
FRIEDEMANN
Einen anderen? Wie meinst du das?

(Keine Antwort.)

Nur, weil du die Karte nicht schreiben willst?

(Keine Antwort.)

Das ist doch kein Grund. Ich verstehe dich nicht.
JAN
Es ist, weil ich …

(Weicht aus. Friedemann versteht langsam.)

FRIEDEMANN
Du … kannst nicht schreiben?
JAN
Nein. Ich meine: Ich kann lesen! Das meiste verstehe ich. Aber ich kann nicht schreiben. Nicht richtig.
FRIEDEMANN
Aber du bist doch zur Schule gegangen?

(Keine Antwort.)

Und du hast nie versucht, es nachzuholen?

(Jan zögert. Geht zum Tresen und holt ein Buch darunter hervor. Gibt es Friedemann.)

JAN
Es darf niemand wissen. Versprichst du mir das?
FRIEDEMANN
Ja. Sicher. (Liest laut) »Lesen und Schreiben für Anfänger«.

(Blättert weiter.)

Du bist ja schon fast fertig mit dem Buch. Wann hast du damit angefangen?

(Keine Antwort. Friedemann versteht trotzdem.)

Gesa?
JAN
Es hat keinen Sinn.
FRIEDEMANN
Warum nicht? Ihr habt in der letzten Woche viel Zeit miteinander verbracht. Wenn Gesa dich nicht mögen würde …

JAN

Das kannst du nicht verstehen. Es ist auch nicht so wichtig. Ich muss noch Bier holen.

> (Geht eilig durch Seitentür ab. Friedemann sieht ihm irritiert nach.)

FRIEDEMANN

(Zu sich) Da muss noch etwas anderes sein …
Und warum weicht mir jeder in diesem Dorf aus, wenn das Gespräch auf dich kommt?

> (Pastor betritt den Raum mit Blumen in der Hand.)

2

FRIEDEMANN

Moin, Pastor.

PASTOR

Friedemann.

FRIEDEMANN

Wollt Ihr Euch nicht zu mir setzen?

> (Pastor setzt sich zögernd.)

Ihr wollt zu Eurer Frau?

PASTOR

Ich … Nun ja. Ich …

FRIEDEMANN

Ist schon gut, Pastor. Ich wollte euch nicht ausfragen.

> (Pastor weicht Blick von Friedemann aus und sieht sich um. Von draußen ist Lärm zu hören, der näherkommt. Drei leicht angetrunkene junge Männer platzen mit lautem Getöse herein.)

ANFÜHRER

Hier ist ja gar nichts los.

> (Setzt sich.)

Das trifft sich gut.

> (Schiebt einem Begleiter lässig einen Stuhl zu.)

(Zum anderen Begleiter) Und du Rille, hol uns mal ein Bier. Wir müssen uns doch warmtrinken für das Fest nachher.

RILLE

Ich glaube nicht, dass Jan das recht sein wird.

ANFÜHRER

Was interessiert mich Jan? Mach schon!

> (Rille holt drei Bier aus einer Kiste neben der Theke. Anführer sieht sich um.)

Na, Pastor. So wenig los in deiner Kirche, dass du jetzt schon Blumen austragen musst?

> (Rille will sich setzen.)

Wir wollen doch nicht unhöflich sein.

> (Anführer lächelt den drei Alten zu. Grient.)

Schließlich wissen wir nicht, wie lange die es noch machen. Da soll man jede Gelegenheit nutzen.

> (Prostet Richtung der drei Alten.)

Eine Lage für meine drei Freunde.

> (Rille zögert kurz. Holt dann drei weitere Bier.)

RILLE

(Zu den drei Alten. Beinahe entschuldigend) Hier. Lasst es euch schmecken.

ANFÜHRER

(Zu den Alten) Prost!

OOL BORK

(Zu Rille) Welkeen so eenen too'n Fründ hett, de bruukt wirklich keen Feend mihr.[7]

ANFÜHRER

Hast du was gesagt?

> (Ool Akim hält die Hand ans Ohr. Anführer bemerkt Friedemann, der mit Rücken zu ihm sitzt.)

Und was ist mit dir?

> (Keine Antwort. Anführer geht langsam auf Friedemann zu.)

Ach ne. Wer bist du denn? Du willst doch nicht etwa mitfeiern?

> (Anführer nimmt den Becher von Friedemann. Riecht daran.)

Hab ich mir doch fast gedacht, dass du noch keinen Alkohol darfst. Das ist was für richtige Männer.

---

7 *Wer so einen zum Freund hat, der braucht wirklich keine Feinde mehr.*

OOL CORD

(Seufzt) Ach. Dat givt Ogenblicke, in de war ik oop eenmal ganz batz …
endlos meud.[8]

> (Anführer sieht kurz zu Ool Cord. Versteht ihn
> offensichtlich nicht. Wendet sich wieder Frie-
> demann zu.)

ANFÜHRER

Du sagst gar nichts?

> (Friedemann bleibt entspannt. Anführer scheint
> davon irritiert. Sieht das Buch. Nimmt es auf.)

(Zitiert laut) »Lesen und Schreiben für Anfänger«.

> (Zeigt es triumphierend seinen Begleitern.)

Das glaube ich gerne, dass der nicht Lesen und Schreiben kann.

> (Wendet sich wieder Friedemann zu.)

Aber sag mal: Darfst du überhaupt hier draußen sitzen? Müsstest du nicht
in der Küche sitzen und Kartoffeln schälen? Oder willst du alle Gäste ver-
graulen?

PASTOR

(Steht auf. Mit unterdrücktem Zorn) Und Christus sprach: »Alles nun, was
ihr wollt, dass euch die Leute tun sollen, das tut ihnen auch! Das ist das
Gesetz und die Propheten!«

ANFÜHRER

Halt du dich da raus, Pastor. Das geht dich nichts an. Sonst zeig ich dir …

RILLE

(Deutlich) Lass den Pastor in Ruhe.!

> (Anführer wirkt kurz verunsichert. Geht langsam
> zu seinem Tisch und hebt sein Glas in Richtung
> der drei Alten.)

ANFÜHRER

Prost, meine Freunde. Auf 600 Jahre Dreepshöven!

> (Friedemann beobachtet Anführer. Anführer be-
> merkt das. Pastor setzt sich wieder.)

Was siehst du mich so an?

> (Keine Antwort.)

Ich habe dich etwas gefragt!

---

8 *Ach. Es gibt Momente, in denen werde ich auf einmal ganz plötzlich … unendlich müde.*

FRIEDEMANN

(Freundlich) Nehmt wi an, du häst recht un ik weer een Fipsig. Müss mi dann nicht een jedes Woort von di pieren?[9]

(Anführer ist irritiert. Versteht Engel nicht.)

Denn givt dat nipp un nau twee Meuglichkeiten: Du weetst, dat de mi pierst. Dann müss man di wohl een Swienhund neumen.[10]

ANFÜHRER

Sprich nicht in deiner komischen Sprache zu mir.

FRIEDEMANN

Oder du weetst nich, wenn du'n annern Minsch weh deist. Dann müss man di wohl een Dööskopp neumen. Also wat willst sien: Een Swienhund … oder een Dööskopp?[11]

ANFÜHRER

Sprich Deutsch mit mir!

FRIEDEMANN

(Zu den anderen) He is nich vun hier, oder?[12]

ANFÜHRER

Was sagt er?

FRIEDEMANN

(Langsam) »Du bist nicht von hier, oder?«

(Anführer geht auf Friedemann zu.)

ANFÜHRER

Willst du mich auf den Arm nehmen?

(Anführer stolpert.)

FRIEDEMANN

Nee. (Lächelt) Wär aber wohl besser. Alleine kannst du ja wohl nicht mehr stehen.

(Gesa tritt von draußen ein.)

3

GESA

(Zu Anführer) Was machst du da? Lass Friedemann in Ruhe.

ANFÜHRER

Willst du etwas von mir?

GESA

(Trocken. Abweisend) Nee. Ganz sicher nicht: Ich bin Köchin.

(Anführer versteht nicht.)

(Ruhig. Ohne Angst) Ich kann mir in meinem Beruf schlechten Geschmack einfach nicht leisten.

---

9 *Nehmen wir an, du hättest recht und ich wäre ein Schwächling. Müsste mich dann nicht jedes Wort von dir verletzen?*

10 *Dann gibt es genau zwei Möglichkeiten: Du weißt, dass du mich verletzt. Dann müsste man dich wohl einen … Lump nennen.*

ANFÜHRER

Verteidigst du den etwa?

(Jan erscheint mit einem Fass in der Hand.)

GESA

(Lächelt) Ich glaube nicht, dass er das nötig hat. Aber du kannst es ja gerne einmal versuchen.
(Mehr zu sich) Wat för een Schietkeerl.[13]

FRIEDEMANN

Du musst hochdeutsch mit ihm reden. Er ist nicht von hier.

(Anführer will wütend auf Friedemann losgehen. Jan lässt das Fass fallen. Anführer bleibt erschrocken stehen.)

JAN

Hab ich dir nicht gesagt, dass ich dich hier nicht mehr sehen will?

(Geht auf Anführer zu. Der weicht zurück.)

Friedemann ist mein Freund. Wenn du *ihn* angreifst, greifst du auch *mich* an. Und nun nimm deine Leute und mach, dass du rauskommst.

(Schiebt Anführer langsam Richtung Tür.)

ANFÜHRER

(Zu Friedemann) Ich komme wieder. Und dann wird niemand da sein, um dich zu beschützen.

JAN

Nun mach, dass du rauskommst!

FRIEDEMANN

(Nachdenklich) Ja. Ich fürchte auch, dass du wiederkommst.

(Die drei jungen Männer gehen ab. Es wird wieder ruhig.)

GESA

Wer war das?

JAN

Der ist nicht von hier.

(Nimmt das Fass wieder auf.)

GESA

Und die beiden anderen?

JAN

»Rille« und »Bomber«. Sind eigentlich ganz in Ordnung. Müsstest du noch von früher kennen. Sind beide mit uns zur Schule gegangen.

---

11 *Oder du weißt nicht, wann du einen anderen Menschen verletzt. Dann müsste man dich sicher einen Idiot nennen. Also: Was willst du sein? Ein Lump … oder ein Idiot?*
12 *Er ist nicht von hier, oder?*
13 *Feigling/Mistkerl*

OOL BORK
Sie haben einfach zu viel Zeit. Und wenn junge Männer zu viel Zeit haben, machen sie Unsinn. Das ist ge…e…netisch.

OOL AKIM
Und wenn sie einen Dummkopf als Anführer haben, machen sie großen Unsinn.

> (Jan stellt das Fass unter der Theke ab. Sieht Friedemann und Gesa vertraut nebeneinander stehen.)

JAN
Ich muss für morgen noch einiges in der Küche vorbereiten.

> (Geht Richtung Küche. Friedemann begreift, warum Jan gehen will.)

FRIEDEMANN
Dann brauchst du doch sicher Hilfe.

> (Gesa sieht fragend zu Friedemann. Versteht ihn langsam.)

GESA
(Zu Jan) Wenn du willst … Ich könnte dir helfen.

> (Jan weiß nicht, was er sagen soll.)

Willst du?

> (Jan lächelt vorsichtig. Nickt. Beide gehen in Küche. Friedemann räumt den Tisch auf.)

FRIEDEMANN
(Zu Pastor) Ganz schön was los bei euch im Dorf.

> (Pastor möchte Friedemann etwas sagen. Erneut Lärm von draußen. Ool Cord sieht aus dem Fenster.)

3

OOL CORD
Und das nächste Unwetter ist auch schon im Anmarsch.

> (Bauer und Wirt betreten den Raum.)

BAUER
Friedemann, wir müssen reden.

WIRT
Ja. Das meine ich auch.

FRIEDEMANN

(Freundlich) Wollt ihr euch nicht erst einmal setzen?

BAUER

Ich will mich nicht setzen!

WIRT

Ich auch nicht!

FRIEDEMANN

Neben dem Pastor ist noch Platz.

(Bauer und Wirt bemerken erst jetzt Pastor.)

BAUER, WIRT

(Kurz) Pastor.

(Friedemann geht langsam herüber zur Theke.)

FRIEDEMANN

Ich habe gleich Zeit für euch. Wir sind gerade bei den Vorbereitungen für das Fest. Aber ich bin sicher, der Herr Pastor würde sich freuen.

(Bauer und Wirt zögern.)

FRIEDEMANN

Ihr wollt den Pastor doch nicht vor den Kopf stoßen?

(Bauer und Wirt setzen sich zähneknirschend. Friedemann arbeitet ruhig weiter. Sucht dabei immer wieder Augenkontakt zu Bauer und Wirt. Lächelt kurz, als hätte er gleich Zeit, arbeitet dann aber jeweils weiter. Bauer und Wirt werden immer ungeduldiger. Wirt springt endlich auf.)

WIRT

Das kannst du nicht machen!

(Friedemann sieht auf.)

FRIEDEMANN

(Lächelt hintersinnig) Nee. Hast recht. Entschuldigt. Kann ich euch ein Bier bringen? Ihr habt sicher Durst.

WIRT

Durst?

(Friedemann beginnt, zwei Bier zu zapfen.)

FRIEDEMANN

Natürlich auf Kosten des Hauses.

BAUER

(Amüsiert) Hörst? Auf Kosten des Hauses.!

WIRT
Ich werd dir zeigen …

>(Wirt tritt Bauer gegen Bein. Der will wegen der Schmerzen aufspringen, stößt sich dabei aber auch noch das Knie. Friedemann bringt den beiden einen Korn.)

FRIEDEMANN
Hier. Bis das Bier fertig ist. Als kleine Wiedergutmachung, weil ihr zu Fuß kommen musstet.

>(Friedemann geht langsam zurück zur Theke. Bringt auf dem Weg auch noch den drei Alten einen Korn. Die prosten ihm dankbar zu.)

(Zu Bauer) Die neue Zufahrt, die über das Land führt … (Lächelt) ihr wisst schon, welches ich meine … die Zufahrt ist leider erst zum Fest nachher fertig.

>(Bauer wütend. Wirt lacht. Bauer tritt Wirt gegen Bein. Friedemann amüsiert sich. Arbeitet weiter. Bauer und Wirt reiben sich noch eine Weile ihre Wunden. Bauer sieht wieder zu Friedemann. Beobachtet ihn. Springt plötzlich auf.)

BAUER
Nee Friedemann. So geht das nicht weiter. Ich will mein Grundstück zurück!
WIRT
Ja. Genau.Ich auch.

>(Friedemann kratzt sich am Kopf. Geht langsam auf die beiden zu.)

FRIEDEMANN
Jeder sein eigenes … oder wollt ihr beide Grundstücke zusammen?
BAUER
Beide Grundstücke? Ja …
WIRT
… ginge das denn?

>(Friedemann setzt sich zu den beiden.)

FRIEDEMANN
Das kommt darauf an. Was wären die beiden Grundstücke euch denn wert?

>(Wirt und Bauer setzen sich wieder. Die drei Alten sehen voller Vorfreude zu. Stützen ihre Köpfe auf ihrem Stock ab.)

WIRT
Weißt du, *dies* Grundstück hier gehört ja eigentlich mir … Wenn du es mir
zurückgibst, würde ich dir für *sein* Grundstück genau das geben, was es
wert ist.

(Friedemann sieht zu Bauer.)

BAUER
Ja. Ich auch. (Überlegen) Und noch ein Jahr Eier umsonst.

(Friedemann beugt sich zu den beiden vor. Die
sich auch zu ihm.)

FRIEDEMANN
Ein Jahr Eier … umsonst? Ist das dein Ernst?

(Friedemann steht langsam auf. Dreht sich halb um.)

BAUER, WIRT
Warte!

(Friedemann schwingt sein Bein über die Lehne
und setzt sich wieder.)

BAUER
(Kämpft mit sich) Ich würde dir beide Grundstücke … Ich …

(Bricht ab. Kann es nicht aussprechen.)

FRIEDEMANN
Ja?
BAUER
Ich …
FRIEDEMANN
Ja?

(Bauer kämpft noch immer mit sich.)

BAUER
Also gut. Du hast gewonnen.

(Holt einen Scheck aus der Tasche.)

Ich würde sie dir abkaufen. Mit einem Scheck. Gleich jetzt.

(Auch Wirt holt einen Scheck aus der Tasche und
legt ihn auf den Tisch.)

Aber … dann müsste ich natürlich den Skonto abziehen.?

FRIEDEMANN
(Zu Wirt) Du auch?

> (Wirt nickt. Friedemann beugt sich zu den beiden vor. Die sich auch zu ihm.)

Skonto? Wirklich? Ist das euer Ernst?

> (Friedemann steht langsam auf. Dreht sich halb um.)

BAUER, WIRT
Ohne Skonto!

> (Friedemann schwingt sein Bein über die Lehne und setzt sich wieder.)

FRIEDEMANN
Ich mache euch einen Vorschlag: Ihr schreibt jetzt beide eine Zahl auf euren Scheck. Ich werde dann sehen, wer am meisten bietet, und mich danach entscheiden.

> (Bauer und Wirt füllen zögernd Schecks aus. Schieben sie widerwillig Friedemann zu. Der hebt die Schecks kurz an und schiebt sie zurück.)

(Lächelnd) Da fehlt noch eure Unterschrift.

> (Bauer und Wirt unterschreiben widerwillig.)

Und eine Null.

> (Bauer und Wirt heben den Kopf.)

Mindestens.

> (Beide verschlucken sich.)

BAUER
Eine …
WIRT
Null?!
BAUER
Das ist nicht dein Ernst.
FRIEDEMANN
Ihr wisst doch: Zwei Grundstücke zusammen sind immer mehr wert als eines alleine.

> (Keine Reaktion. Friedemann will wieder aufstehen.)

BAUER, WIRT
Warte!

>   (Bauer und Wirt füllen mit schmerzverzerrtem Ge-
>   sicht die Schecks aus. Friedemann sieht sich die
>   Schecks an, faltet sie sorgfältig zusammen und
>   steckt sie in aller Ruhe ein.)

BAUER
Was machst du da?
FRIEDEMANN
Keine Angst. Ihr bekommt natürlich etwas dafür als Gegenleistung.

>   (Friedemann nimmt zwei Bierdeckel und schreibt
>   etwas darauf. Gibt Bauer und Wirt je einen Deckel.)

BAUER
(Liest) »78514…« Was soll ich damit? »…54…«

>   (Bauer begreift langsam.)

»…189…«

>   (Bauer steht auf. Geht einige Schritte. Schwankt.)

WIRT
(Liest souverän) »4682…«
BAUER
Ohneeeohneeeohneee   »…6…«
WIRT
»…354…2…« Ohneeeohneeohnee.

>   (Wirt steht ebenfalls auf. Geht einige Schrit-
>   te. Muss sich am Stuhl festhalten.)

»…38…«
BAUER
Woher …?
FRIEDEMANN
Die Nummern? (Grient) Die sind aus Liechtenstein. Ihr wisst doch sicher,
was es damit auf sich hat?
OOL CORD
Ich mag ihn.
OOL BORK
Ja. Er ist klug.
OOL AKIM
Und er hat Humor.
WIRT
Du …

FRIEDEMANN
Ihr werdet doch nicht fluchen …
BAUER
Du hast uns schon wieder …
FRIEDEMANN
(Sieht zu Pastor) … im Angesicht des Herrn.

(Bauer und Wirt zwischen Wut und Ohnmacht.)

WIRT
Das Geld.
BAUER
Das schöne Geld!
FRIEDEMANN
Ihr meint, die beiden Deckel wären nicht so viel wert?

(Keine Reaktion. Nimmt einen weiteren Deckel und schreibt etwas darauf.)

Dann muss ich euch vielleicht noch einen Deckel dazu geben?

(Friedemann hält den beiden den Deckel entgegen. Die lesen gemeinsam.)

BAUER
Ohneeohnee…
WIRT
…ohnee.

(Beide gehen Richtung Tür. Sehen sich noch einmal um.)

BAUER
Ohneeohnee…
WIRT
…ohnee.

(Bauer und Wirt gehen ab. Pastor sieht ihnen nach.)

4

PASTOR
»Wie oft erliegen Menschen, die um jeden Preis reich werden wollten, den Versuchungen des Teufels, wie oft verfangen sie sich in seinen Netzen!«

(Pastor sieht zu Friedemann.)

»Solche unsinnigen und schädlichen Wünsche stürzen die Menschen in den Untergang und ins Verderben! Denn alles Böse wächst aus der Habgier. Schon so mancher ist ihr verfallen und hat dadurch seinen Glauben verloren. Wie viel Not und Leid hätte er sich ersparen können!«

FRIEDEMANN
(Nachdenklich) Timotheus 6, Vers 9 und 10.

PASTOR
Du kennst die Verse? Und trotzdem nimmst du ihnen ihr Geld?

FRIEDEMANN
(Ruhig) Vielleicht bin ich nicht der Teufel, den Ihr in mir seht.

PASTOR
Hast du ihnen etwa nicht ihr Geld genommen?

(Keine Antwort.)

»Denn was wird es einem Menschen nützen, wenn er die ganze Welt gewönne, aber seine Seele einbüßte? Oder was wird ein Mensch als Lösegeld geben für seine Seele?«

FRIEDEMANN
»Denn der Sohn des Menschen wird kommen in der Herrlichkeit seines Vaters mit seinen *Engeln* …

(Betrachtet nachdenklich Pastor.)

… und dann wird er einem jeden vergelten nach seinem Tun.«

(Pastor versteht nicht.)

Es ist sehr einfach, eine Predigt zu halten, nicht wahr?

PASTOR
Wie meinst du das?

FRIEDEMANN
Ich habe Euch oft dabei beobachtet, wie Ihr mit den Menschen im Dorf geredet habt. Und jedes Mal schien es, als würdet Ihr Eure Bibel wie eine Kanzel nutzen. Eine Kanzel, auf die Ihr Euch stellen müsst, um Euch selbst zu erhöhen. Aber indem Ihr Euch auf diese Weise selbst erhöht, tretet Ihr das, was Ihr liebt … mit Euren Füßen.

PASTOR
Hast du etwa nicht das Geld von ihnen erpresst?!

FRIEDEMANN
(Heiter) Nein. Ich sorge nur dafür, dass es seine eigentliche Bestimmung erfüllt.

(Sieht Richtung Ausgang.)

Im Grunde sind die beiden gute Menschen. Vielleicht haben sie es nur vergessen. Weil sich nie jemand gegen sie gestellt hat.
(Zu Pastor) Vielleicht sind sie gierig geworden. Und Gier ist nun einmal der schlechteste Ratgeber, den ein Mensch sich suchen kann.

PASTOR
Das sagst ausgerechnet du?

FRIEDEMANN
Ja.
PASTOR
Und bist du etwa nicht gierig?

> (Friedemann nimmt die Schecks aus der Tasche und
> legt sie auf den Tisch. Schiebt sie Pastor zu.)

FRIEDEMANN
Das Geld ist nicht für mich.
PASTOR
Nicht …?
FRIEDEMANN
Nein. Aber gibt es nicht selbst in diesem Dorf Kinder, die nie die Liebe
und Zuwendung erhalten haben, die jedes Kind verdient? Weil die Eltern
sich die Zeit für sie nicht nehmen wollen - oder weil sie sich die Zeit
nicht nehmen können? Ihr kennt sicher einige von ihnen.

> (Pastor ist zu verwirrt, um antworten zu können.)

Ich möchte, dass Ihr dieses Geld nehmt und einen Kindergarten davon baut.
PASTOR
Einen Kindergarten?!
FRIEDEMANN
Ich stelle nur eine einzige Bedingung: Der Kindergarten muss für alle Kin-
der offen sein.
PASTOR
Für alle? Du meinst, für alle mit dem rechten Glauben?

> (Friedemann schüttelt den Kopf.)

FRIEDEMANN
(Mit sehr viel Wärme) Wisst Ihr, warum man sagt, dass Kinder unschuldig
sind? Alle Kinder? Ganz gleich, woher sie kommen oder welche Religion ihre Eltern haben?

> (Pastor versteht nicht.)

Weil ihr Gott noch keinen Namen hat.
PASTOR
Keinen Namen?
FRIEDEMANN
Nein. Sie brauchen keinen.

> (Pastor hält seine Bibel noch fester.)

Die meisten Menschen in diesem Dorf sind Christen wie Ihr. Aber es gibt
auch einige Moslems. Juden. Sogar einen Buddhisten habe ich kennengelernt.
Also baut einen Garten … für alle Kinder.

PASTOR
Das kann ich nicht tun.
FRIEDEMANN
Dann wollt Ihr Grenzen schaffen, wo Gott keine kennt?

(Keine Antwort.)

Es ist *Eure* Entscheidung, ob Ihr das Geld nehmt. Aber denkt dabei auch daran, dass Ihr diese Entscheidung nicht für Euch alleine trefft.
PASTOR
(Entrüstet) Aber ich bin ihr Pastor!
FRIEDEMANN
Ja. Das seid ihr.
PASTOR
Es ist meine Aufgabe, das Wort Gottes zu verkünden. Ich bin der Hirte und muss die Menschen in meiner Gemeinde führen!
FRIEDEMANN
Ihr Hirte? Und jetzt, in diesem Moment: Habt Ihr wirklich eine Gemeinde?

(Keine Antwort.)

Es liegt an euch: Ihr könnt ein Hirte sein und versuchen, die Menschen auf Euren Weg zu zwingen. Dann werden sie Euch aber ganz sicher bei der ersten Gelegenheit ausbrechen. So sind Menschen nun einmal. (Lächelt) Oder Ihr seid stattdessen ein Schaf unter Schafen. Ein Mann des Glaubens, der mit seinem Beispiel vorangeht, wann immer es nötig ist.
PASTOR
Sie würden mir nicht folgen.
FRIEDEMANN
Sie werden Euch folgen, wenn sie Euch vertrauen - aber auch nur genau so lange, wie sie Euch vertrauen.

(Pastor kämpft mit sich.)

(Sanft) Warum habt Ihr nicht ein wenig mehr Mut?

> (Friedemann beginnt, Tische zu decken. Nach einiger Zeit sieht Pastor zu Friedemann. Als hätte er etwas begriffen. Von draußen ist Lärm zu hören, der schnell näher kommt. Eine Gruppe Jugendlicher erscheint.)

5

ANFÜHRER
Na, Friedemann. Ich habe doch gesagt, ich komme zurück.
FRIEDEMANN
Es ist doch immer schön, wenn man sich auf das Wort eines Menschen verlassen kann. (Ruhig) Du hast getrunken.

ANFÜHRER
(Lallt ein wenig) Ja. Ich habe getrunken. Hast du etwas dagegen?
FRIEDEMANN
Nee. Warum sollte ich etwas dagegen haben?
(Nachdenklich) Wenn hunnert Hunnen bellt, ward to'n End ook een fiegen Hund mootig.[14]

(Anführer versteht nicht.)

(Übersetzt sinngemäß) Du bist sehr mutig. So ganz alleine.
ANFÜHRER
Dir wird das Lachen gleich vergehen. Ich hab da draußen eine Jauchegrube gesehen. Die kannst du dir gleich mal aus der Nähe ansehen.
FRIEDEMANN
Bist du sicher? (Amüsiert) Es reicht nicht, zu wollen. Man muss auch können.
ANFÜHRER
Du wirst schon sehen, was ich kann. Kommt!

(Die Jugendlichen greifen Friedemann und tragen ihn jolend hinaus. Der wehrt sich nicht. Pastor ist wie erstarrt.)

OOL AKIM
Pastor!

(Keine Reaktion.)

OOL AKIM, BORK, CORD
Pastor!!!

(Löst sich aus seiner Erstarrung. Sieht zu den drei Alten.)

PASTOR
Aber was soll ich denn alleine …
OOL BORK
Du bist nicht alleine.
PASTOR
Ihr? Ich glaube nicht …

(Die drei Alten schütteln mit dem Kopf. Zeigen mit dem Daumen nach oben. Pastor sieht nach oben. Begreift langsam.)

Oh. Ja. Sicher. Ihr habt recht! Vielleicht kann ich das Schlimmste verhindern. Ich muss es zumindest versuchen.

(Pastor folgt Friedemann. Jan und Gesa erscheinen mit Frau Pastor aus der Küche.)

---

14 Wenn hundert Hunde bellen, wird am Ende auch ein feiger Hund mutig.

FRAU PASTOR
Was ist hier los? Was war das für ein Krach?
OOL AKIM
Sie haben Friedemann geholt.
GESA
Wer?
JAN
Ich glaube, ich weiß, wer. Komm!

(Beide folgen Pastor.)

FRAU PASTOR
Und mein … ich meine: Der Pastor. Ich habe seine Stimme gehört.
OOL BORK
Der ist sofort hinterher.

(Frau Pastor zögert einen Moment.)

Aber alleine wird er kaum etwas ausrichten können.

(Frau Pastor folgt den anderen. Die drei Alten
bleiben alleine zurück. Pause.)

OOL AKIM
Ich glaube, wir müssen Friedemann auch helfen.
OOL CORD
Ja. So ein netter, junger Mann.
OOL BORK
Nur wie? Bis wir da sind, ist die Jauche ja schon längst wieder trocken.
OOL AKIM
(Zu Ool Cord) Sieh du erst einmal nach, was draußen passiert.

(Ool Cord steht langsam auf.)

Geht das nicht etwas schneller?
OOL CORD
Nee. Ich bin vielleicht langsam, aber dafür komm ich öfter an.

(Ool Cord öffnet das Fenster. Lärm von Kühen ist
zu hören. Ool Cord grient.)

Hehehe. Bauer Hinrichs treibt grad seine Kühe durch. Jetzt können die mit
Friedemann nicht vor und nicht zurück.

(Ool Akim und Ool Bork holen gleichzeitig ein
Handy aus der Tasche.)

Meint ihr nicht, es dauert zu lange, bis ihr jeden im Dorf angerufen habt?
Und bis die Polizei kommt …

OOL BORK
(Grient) Dann müssen wir wohl Hilfe von oben holen.

(Ool Cord zeigt mit dem Daumen nach oben.)

OOL CORD
Von … ganz oben?
OOL BORK
(Kopfschüttelnd) Glaubst du wirklich, der liebe Gott sitzt da oben mit einem Handy in der Hand und wartet, dass wir anrufen?!

(Drückt eine Taste seines Handys. Die Kirchenglocken beginnen zu läuten. Die beiden anderen sehen zu Ool Bork. Der grient.)

"Swinnel und Co". Die neueste Entwicklung.

(Die drei Alten lachen.)

Und nun sag: Was passiert?

(Ool Cord sieht wieder hinaus.)

OOL CORD
Die Kühe sind weg.
OOL AKIM
Du Dööskopp[15]. Mit Friedemann natürlich!
OOL CORD
Den haben sie gerade abgesetzt. Ich glaube, die müssen sich erstmal erholen. Tja, die jungen Leute von heut. Wenn ich da an früher denk … Jetzt kommt auch der Pastor und stellt sich vor Friedemann.
OOL AKIM
Der Pastor?
OOL BORK
(Trocken) Wahrscheinlich will er sie bewusstlos predigen.
OOL CORD
Nee. Der steht einfach nur da … Wartet mal …

(Beugt sich aus dem Fenster. Sieht erst nach links. Dann nach rechts. Beugt sich fröhlich wieder hinein.)

Ich glaube, die Glocken kannst du ausstellen.
OOL BORK
(Überrascht) Wieso?

(Ool Bork stellt Glocken aus.)

Was ist denn los?! Sag schon!

OOL CORD

Sie kommen alle. Das ganze Dorf! Von allen Seiten! Dauert nicht mehr lang, dann …

> (Ein lautes Klatschen ist zu hören. Ool Cord dreht sich wieder um.)

Uiih. Der Pastor hat eine abbekommen.

OOL AKIM

Der Pastor?

> (Ool Akim und Ool Bork stehen auf, um auch aus dem etwas zu engen Fenster zu sehen.)

OOL CORD

Und jetzt hält er ihnen auch noch die andere Wange hin und … hehe … Jan ist dazwischen gegangen.

OOL AKIM

Ja. Und da kommt der Bauer …

OOL BORK

… und der Wirt …

OOL CORD

… und all die anderen!

> (Die drei Alten spielen den Kampf nach. Feuern immer wieder an. Blicken auf einmal gleichzeitig nach oben. Stille.)

OOL BORK

Was haben die jetzt vor?

> (Mehrfach hintereinander ist ein lautes Platschen zu hören. Die drei Alten machen jeweils eine Kopfbewegung von oben nach unten. Drehen sich wieder um. Setzen sich langsam hin.)

OOL AKIM, BORK, CORD

Hehehe.

OOL AKIM

Jetzt weiß ich auch, was das bedeutet …

OOL BORK

Ja.

OOL AKIM

Wer andere hin zur Grube trägt …

OOL AKIM, BORK, CORD

(Grienen) … fällt selbst hinein.

AKT 3

(Die drei Alten sitzen alleine in der Kneippe und rauchen gemütlich eine Pfeife. Nach einiger Zeit Geräusche von draußen.)

1

OOL CORD
Ich glaube, sie kommen zurück.

> (In der Tür erscheinen Wirt und Bauer, gestützt von Gesa. Dann der Pastor, gestützt von seiner Frau. Am Ende Jan und Friedemann.)

OOL AKIM
Seht ihr? Es ist wie immer.
OOL BORK
Du meinst, die Männer ziehen in den Krieg und die Frauen müssen hinterher wieder aufräumen?
BAUER
Ohjeeohjeeohjee.
GESA
Nun stell dich nicht so an, Vater. Musst dich ja nicht mit denen hauen.
BAUER
Ich kann doch nicht zulassen, dass die unseren Pastor schlagen.
WIRT
Nee. Niemand schlägt unseren Pastor. Ein Pastor ist heilig.

> (Bauer und Wirt wollen sich setzen.)

GESA
Setzt dich gar nicht erst hin, Vater. (Zu Wirt) Und du auch nicht! Ich muss euch beide erst einmal verarzten. Kommt mit!

> (Gesa geht langsam mit beiden Richtung Küche.)

BAUER
Ohjeeohjeeohjee.
GESA
Nun stell dich nicht so an. Wer austeilt, muss auch einstecken können.
BAUER
Da magst du wohl recht haben. (Grient) Und ausgeteilt hab ich nicht zu wenig.
WIRT
Das Rindvieh ist doch nur auf eine Forke getreten.
BAUER
Ich werd dir gleich …

> (Beide wollen aufeinander losgehen, sind aber zu erschöpft. Gesa führt sie in die Küche.)

FRIEDEMANN

Ich frage mich nur, ob sie mich genauso verteidigt hätten wie euch, Pastor.

PASTOR

Da bin ich mir sicher. Das hätten sie. Irgendwie haben sie doch nicht ganz vergessen, was richtig ist und was nicht. Man muss sie nur manchmal …

(Sieht irritiert zu Friedemann)

Man muss sie nur manchmal … daran erinnern.

(Verzieht das Gesicht vor Schmerz.)

FRAU PASTOR

Was ist mit dir?

(Pastor hält sich das Bein.)

PASTOR

Ich hab mich nur etwas gestoßen.

FRAU PASTOR

Zeig mal.

(Kniet sich vor Pastor und schiebt vorsichtig das Hosenbein hoch.)

Etwas? Das muss verbunden werden. Komm. Steh auf. Und dein Auge bekommt einen Beutel mit Eis.

PASTOR

Muss das sein?

FRAU PASTOR

Ja. Das muss sein.

(Nimmt Pastor mit in die Küche. Friedemann allein mit Jan und den drei Alten.)

2

FRIEDEMANN

Was ist mit dir, Jan?

JAN

Nicht so schlimm. Ich hab mir nur die Hand verstaucht.

FRIEDEMANN

Ich glaube, unter dem Tresen haben wir noch etwas Verbandszeug.

(Geht zum Tresen. Holt eine Kiste darunter hervor. Sieht zu Jan. Der ist vollständig in sich gekehrt.)

Was ist mit dir?

JAN

Ich habe ihn nicht verletzt.

FRIEDEMANN

Wen?

JAN

Ich wollte doch nur den Pastor beschützen.

FRIEDEMANN

Mach dir keine Sorgen. Du hast ihn nicht verletzt. (Lächelt) Er wird nur ein paar Tage nicht richtig sitzen können.

(Betrachtet Jan nachdenklich.)

Auf dem Weg zurück zur Kneipe … War Gesa deshalb so böse auf dich?

(Jan sieht Friedemann an.)

Ich dachte, ihr seid euch in den letzten Wochen nähergekommen?

(Keine Antwort. Friedemann verbindet Jan die Hand.)

JAN

Kann ich dich etwas fragen? Warum wolltest du nicht, dass wir alle aus dem Dorf werfen?

FRIEDEMANN

Weil sie dann im nächsten Dorf so weitergemacht hätten. Es wäre keine Lösung gewesen. Zumindest nicht für lange.

JAN

Sie wollten dich immerhin in die Jauchegrube werfen.

FRIEDEMANN

Bist du sicher? Nein. Ich glaube, nicht. Eigentlich wollten sie sich selber in die Grube werfen. Irgendwie.

JAN

(Irritiert) Sich selber? Das verstehe ich nicht.

FRIEDEMANN

Weißt du, die meisten von ihnen habe ich in der letzten Zeit kennengelernt. Jeden für sich allein. Rille zum Beispiel … Er ist wirklich ein netter Kerl. Ich mag ihn. Ständig schraubt er an Autos herum. Das ist das, was ihn ausfüllt. Aber bei seinem Zeugnis hat er kaum die Chance auf eine Lehrstelle. Er hasst nicht mich, sondern er hasst sich selbst, weil es ihm nicht gelingt, sich seine Träume zu erfüllen. Und Bomber … Wusstest du, dass er in seinen besten Freund … ich meine … dass er …

JAN

(Überrascht) … Bomber?

FRIEDEMANN

In der Stadt ginge das vielleicht, aber in einem Dorf, wo jeder jeden kennt? Noch dazu, wenn alle einen »Bomber« nennen?

JAN

Ich wusste nicht …

FRIEDEMANN

Er hat einfach nicht den Mut, ehrlich zu sein - nicht zu sich und nicht
zu den anderen. Und das macht ihn wütend. Wütend auf sich selbst.

> (Gesa erscheint unbemerkt von Jan. Sucht die
> Kiste. Findet sie dann auf der Theke. Bleibt
> stehen. Hört zu.)

Jeder von ihnen sucht nach seinem Platz im Leben. Genau wie wir.

> (Jan schweigt.)

Kann ich dich etwas fragen?

> (Keine Antwort.)

Warum behandeln die Menschen im Dorf dich nie, als würdest du wirklich zu
ihnen gehören? Immer wenn ich mich mit ihnen unterhalten habe und das Gespräch auf dich kam, sind sie mir ausgewichen.

> (Keine Antwort. Jan kämpft mit sich. Friedemann
> akzeptiert sein Schweigen. Will aufstehen.)

JAN

(Mehr zu sich) Als Kinder …

> (Zögert lange. Sieht zu Friedemann.)

Gesa und ich waren die besten Freunde. Unzertrennlich. Aber wir mussten
uns immer heimlich treffen. Na ja. Du weißt, warum.

> (Deutet mit dem Kopf Richtung Küche.)

Wir waren deshalb immer draußen unterwegs. Nur, wenn es zu kalt oder zu
nass war, sind wir zu meinem Opa gegangen.

FRIEDEMANN

Dein Opa?

JAN

Ja. Er hat mit uns gespielt. Uns Geschichten erzählt. Wir haben ihn beide sehr geliebt. (Zögert) Irgendwann hat er dann aber angefangen, sich zu
verändern. Er hat sich immer mehr zurückgezogen. Ich glaube, meine Oma hat
ihm sehr gefehlt. Vielleicht hat er deswegen angefangen … (Bricht ab)

FRIEDEMANN

(Vorsichtig) Was hat er?

> (Jan zögert. Überwindet sich dann.)

JAN

Irgendwann hat er mit dem Trinken angefangen.

FRIEDEMANN
Und keiner hat gemerkt, dass es ihm nicht gut geht?

(Jan schüttelt den Kopf.)

Auch nicht seine Freunde?

(Jan schüttelt erneut den Kopf.)

Aber irgendwoher muss er doch den Alkohol bekommen haben?
JAN
Vermutlich hätte er mich gefragt, ihm welchen mitzubringen. Als Kind versteht man das noch nicht so. Aber er wusste, dass mein Vater sofort gemerkt hätte, wenn auch nur eine einzige Flasche gefehlt hätte.
FRIEDEMANN
(Lächelt) Da bin ich mir sicher.

(Jan reagiert nicht. Friedemann begreift nur langsam.)

Gesa?
JAN
Ja, Gesa. Der Bauer hatte eine Brennerei - die hat er immer noch - und da fällt eine Flasche mehr oder weniger nicht auf. Sie hat meinen Opa geliebt - genau wie ich - aber wir waren einfach zu jung.
FRIEDEMANN
Und woher weißt du davon? Hat sie es dir erzählt?

(Jan nickt zögernd.)

JAN
Irgendwann wollte ich meinen Opa besuchen, aber er war zu betrunken. Am nächsten Tag hat er mir dann versprochen, damit aufzuhören. Und Gesa wollte er auch nie wieder fragen!

(Zögert lange.)

Nachmittags wollte ich ihn dann noch einmal besuchen, aber er war schon draußen auf dem Feld. Ich bin dann hin und als ich fast da war, ist er vom Trecker gestiegen und wollte etwas vom Acker räumen. Er hatte wieder getrunken!
Ich weiß nicht, warum, aber auf einmal hat sich der Trecker in Bewegung gesetzt und … Ich bin hingelaufen, so schnell ich konnte, aber ich war zu weit weg. Ich bin auf den Trecker gesprungen, um ihn anzuhalten, aber es war zu spät.

(Pause.)

Auf dem Sitz lag noch die leere Flasche.

FRIEDEMANN

Und niemand hat etwas gemerkt?

JAN

Nein. Sie haben nur den Lärm gehört. Vom Nachbarfeld. Aber als sie rüber-
gekommen sind, saß ich auf dem Trecker und mein Opa lag tot dahinter. Was
meinst du, was sie gedacht haben?

FRIEDEMANN

Aber warum hast du es ihnen nicht einfach erklärt? Wenn sie die Flasche
gesehen hätten …

JAN

Sie haben sie aber nicht gesehen.

FRIEDEMANN

Warum nicht?

JAN

Weil ich sie weggeworfen habe. Ich wollte nicht, dass Gesa etwas erfährt.
(Zögert) Ich wollte nicht, dass sie sich schuldig fühlt. Sie hat doch gar
nicht verstanden, worum mein Opa sie da gebeten hat!

(Sieht lange Friedemann an.)

FRIEDEMANN

Und Gesa?

JAN

Die ist mit ihrer Mutter in die Stadt gezogen. Ein halbes Jahr später.

FRIEDEMANN

Und ihr habt nie darüber gesprochen?

JAN

Nein. Sie dachte doch, dass ich … Alle dachten, ich hätte meinen Opa tot-
gefahren. Auch Gesa hat das gedacht. Sie war so wütend auf mich. Sie hat
meinen Opa doch genauso geliebt wie ich.

FRIEDEMANN

Und die anderen?

JAN

In einem kleinen Dorf schweigt man über so etwas. Aber man vergisst es
nicht. Anfangs bin ich noch in die Schule gegangen, aber irgendwann dann
nicht mehr - es hat auch nie jemanden gestört. Man redet mit mir … man
feiert sogar mit mir … aber richtig dazu gehöre ich seitdem nicht mehr.
Etwas bleibt immer.

(Sieht zu Friedemann.)

Gesa darf es nie erfahren. Versprichst du mir das?

FRIEDEMANN

Weil du sie liebst?

(Jan kämpft mit sich.)

JAN

(Leise) Ja. Aber … es geht nicht.

GESA
(Sanft. Leise) Bist du sicher?

> (Gesa geht langsam auf beide zu. Jan bemerkt erst jetzt ihre Anwesenheit. Steht auf. Beide stehen lange stumm voreinander.)

(Nah) Warum hast du nie etwas gesagt?

> (Jan ist unfähig zu antworten. Gesa nimmt ihn langsam in die Arme. Jan legt zögernd seine Arme um sie. Nach einer Weile sehen beide zu Friedemann. Sind glücklich. Aus der Küche sind Bauer und Wirt zu hören.)

FRIEDEMANN
(Sanft) Ich glaube, es ist besser, ihr beide geht jetzt. Die Dickköpfe können da jeden Moment rauskommen.

JAN
Bist du sicher?

FRIEDEMANN
Ja. Wenn die beiden euch hier so sehen … (Lächelt) Jemand muss sie ganz langsam auf ihr Glück vorbereiten.

> (Jan zögert noch.)

Wollt ihr den beiden jetzt wirklich begegnen?

GESA
(Zu Jan) Nee. Komm. Ich weiß da was Besseres.

> (Gesa nimmt Jan bei der Hand und beide verlassen gemeinsam den Raum, während der Pastor aus der Küche kommt.)

3

PASTOR
Jan und Gesa?

> (Pastor sieht den beiden nach.)

FRIEDEMANN
Ja. Ein schönes Paar. Findet Ihr nicht auch?

> (Pastor zögert.)

PASTOR
(Nachdenklich. Mehr zu sich) Ja. Ein sehr schönes Paar. Ich fürchte nur, das wird dem Bauern und dem Wirt nicht gefallen.

FRIEDEMANN

Wollt ihr Euch nicht zu mir setzen?

(Pastor zögert kurz. Setzt sich zu Friedemann.)

Wo ist Eure Frau?

PASTOR

Die verarztet noch die beiden Streithähne. Aber wenn die merken, dass Jan und Gesa ein Paar sind …

FRIEDEMANN

… dann werden sie kaum begeistert sein.

PASTOR

Nein. Ganz sicher nicht. Vielleicht haben Jan und Gesa nur dann eine Chance, wenn sie gemeinsam das Dorf verlassen.

FRIEDEMANN

Und wenn jemand ihnen hilft?

(Pastor versteht nur sehr langsam, dass Friedemann ihn meint.)

PASTOR

Ich bin nur der Pastor. Ich werde ihnen kaum helfen können.

(Friedemann nimmt langsam mehrere Papiere aus der Tasche.)

FRIEDEMANN

Deshalb möchte ich auch, dass ihr diese Papiere nehmt.

(Friedemann gibt die Papiere Pastor. Der liest langsam. Sieht überrascht auf.)

PASTOR

Das sind die beiden Grundstücke.!

FRIEDEMANN

Ja.

PASTOR

Du willst sie nicht behalten?

FRIEDEMANN

Nein. (Lächelt) Das wollte ich nie.

(Pastor ist irritiert.)

Ich möchte, dass ihr diese Papiere Jan und Gesa gebt. Jan ist ein tüchtiger Wirt und Gesa eine der besten Köchinnen im Land. Mit den Grundstücken vom Bauern und vom Wirt können sie das alles hier ausbauen und dabei auch noch anderen Menschen Arbeit geben.
Die beiden müssen allerdings eine Bedingung erfüllen: Einen Teil ihres Gewinns - sagen wir »Den Zehnten« - werden sie Euch geben, damit (Lächelt)

der Kindergarten, den Ihr bauen werdet, auch wirklich *jedes* Kind aufneh-
men kann. Selbst, wenn den Eltern das Geld dafür fehlt.
OOL AKIM
»Den Zehnten« für den Kindergarten. Ich mag Friedemann.
OOL CORD
Ja. Er hat immer so gute Ideen.
OOL BORK
(Grient) Dann trinken wir in Zukunft für den guten Zweck.

(Ool Akim, Bork und Cord heben ihr Glas.)

OOL AKIM, BORK, CORD
Auf die Kinder!

(Die drei trinken genüsslich.)

FRIEDEMANN
(Lacht) Na ja. Das bedeutet natürlich auch, dass der Pastor in Zukunft von
Zeit zu Zeit in der Kneipe nach dem Rechten sehen muss.
OOL CORD
(Gespielt beleidigt) Ich mag ihn nun aber gar nicht mehr so gern.
OOL BORK
Nee. Der Herr Engel …
OOL CORD
… ist ein richtiger Spielverderber.
FRIEDEMANN
Und was meint ihr, Pastor?
PASTOR
Ich … Das geht nicht. Ich kann nicht abends mit den anderen in die Knei-
pe gehen. Es ist ein Ort der Sünde!
OOL BORK
Hab ich euch nicht immer gesagt: Der Pastor ist ein netter Mann.
OOL AKIM
Ja. Fast wie ein Heiliger.
OOL CORD
Und so voller Mitgefühl für uns kleine Sünder.

(Die drei prosten Pastor zu.)

PASTOR
Es ist ein Ort der Verderbtheit.
FRIEDEMANN
(Amüsiert) Der … Verderbtheit? Nein. Ganz sicher nicht. Aber dafür ist
diese Kneipe der Ort, an dem Eure Gemeinde regelmäßig zusammenkommt. Meint
ihr nicht, dass Ihr da sein solltest, wo Eure Gemeinde ist? Wenn Ihr ein
Schaf sein wollt unter Schafen, müsst Ihr auf ihrer Weide grasen.
PASTOR
Aber wie soll ich die Menschen denn führen, wenn ich einer von ihnen bin?
Ich bin ihr Hirte!

FRIEDEMANN

Gott ist ihr Hirte. *Eure* Aufgabe ist es, voranzugehen, wann immer es dafür an der Zeit ist. (Lächelt sanft) So, wie Ihr es schon einmal getan habt, um mir zu helfen. Selbst die beiden Holzköpfe … (Zeigt zur Küchentür) … haben Euch verteidigt und sind Euch zur Seite gestanden, als Ihr Euch schützend vor mich gestellt habt.

                    (Friedemann steht auf und räumt das Verbandszeug weg. Sieht vom Tresen aus die Blumen, die noch immer auf dem Tisch liegen.)

Wollt Ihr Eure Frau nicht fragen, ob sie nachher mit Euch auf das Dorffest gehen will?

                    (Pastor zögert.)

PASTOR

(Nachdenklich) Wie könnte ich ein Fest feiern, wenn es zur gleichen Zeit Menschen in meiner Gemeinde schlecht geht? In der Bibel steht:

                    (Die drei Alten seufzen laut auf.)

»Einer trage des anderen Last, so werdet ihr das Gesetz Christi erfüllen.« Ich kann als Pastor dieses Gesetz nicht brechen.

FRIEDEMANN

Und steht in der Bibel auch: Einer trage *alle* Last? Sieben Tage die Woche? Vierundzwanzig Stunden am Tag?

                    (Pastor versteht nicht.)

Ist es wirklich eure Aufgabe, alle Last *alleine* zu tragen? Oder ist es nicht viel mehr eure Aufgabe, die Last gerecht in Eurer Gemeinde zu verteilen? Ist das nicht auch der Sinn einer Gemeinde?

PASTOR

Aber wie kann ich glücklich sein, wenn ich weiß, dass ein anderer Mensch gerade in diesem Moment unglücklich ist?

FRIEDEMANN

Vielleicht müsst ihr genau das lernen.

                    (Pastor versteht nicht.)

Ihr könnt einem Menschen, der unglücklich ist, zuhören und seine Hand halten, aber Ihr könnt nicht wirklich seine Last tragen. Das kann kein Mensch.

PASTOR

Aber …

FRIEDEMANN

Nein. - Vielleicht könnt Ihr ihm helfen, dass er selber seine Last ein wenig leichter erträgt, aber wenn Ihr versucht, seinen Schmerz *für ihn* zu erleiden, könnt Ihr ihm nicht mehr helfen.

Wie wollt Ihr den Menschen »Glück« beschreiben, wenn ihr selbst nicht wisst, wie sich das anfühlt? Und wie wollt ihr Menschen berühren, wenn ihr Angst habt, selbst berührt zu werden?

> (Aus der Küche sind wieder Geräusche zu hören. Bauer und Wirt betreten den Raum. Beide streiten wieder einmal.)

4

BAUER

Natürlich werde *ich* den Festzug anführen! Jeder weiß, dass meine Vorfahren zuerst hier waren. Ein Wirt kommt erst, wenn Bauern schon längst da sind. Das ist doch wohl logisch!

WIRT

Was du wohl davon verstehst?! Aber über der Tür an meinem Haus kann man genau die Jahreszahl lesen.

BAUER

Die hast du wahrscheinlich selbst da reingeschnitzt.

> (Beide bemerken Friedemann. Weichen ihm aus und setzen sich.)

FRIEDEMANN

Ist es wirklich so wichtig für euch, wer den Festzug anführt? Vielleicht kann ich euch helfen.?

BAUER, WIRT

(Ängstlich) Du?

FRIEDEMANN

(Heiter) Ich bin immer gerne behilflich, wenn es darum geht, einen Streit zu schlichten. Das ist das Mindeste, nachdem ich euch quasi mein Leben zu verdanken habe. Und dann habt ihr euch bei meiner Rettung auch noch so schwer verletzt.

WIRT

Der hat sich doch nur weh getan, weil er auf eine Forke getreten ist. Das Rindvieh. Den Stiel hat er sich selbst gegen den Kopf gehauen. Nur Glück, dass dem sein Dööts[16] aus Holz ist.

OOL BORK

(Amüsiert) Hehehe. Und das hast du so komisch gefunden, dass du gleich dem Nächstbesten auf die Schulter klopfen musstest.

WIRT

Was wollt ihr wohl schon gesehen haben?

OOL BORK

(Grient) Genug.

OOL AKIM

Schade nur, dass die Schulter, auf die du geklopft hast, gar keine Schulter war …

OOL CORD

… sondern das Hinterteil vom Bauern (Zögert kurz) … sein Pferd.

16 Kopf

OOL BORK
Ein kurzer Tritt und schon lag er da, unser großer Held.

(Deutet den Flug an. Alle lachen.)

WIRT
Ich werd euch gleich …

(Wirt will aufspringen. Wird daran von Friedemann gehindert.)

FRIEDEMANN
Habt ihr euch eigentlich nie gefragt …

(Alle sehen zu Friedemann.)

… warum euer Dorf »Dreepshöven« heißt?
WIRT
»Dreep…« von »drapen«, also »treffen«. Das weiß doch jeder.
BAUER
Und »…höven« von …
FRIEDEMANN
(Trocken) Nee.
BAUER
Was soll das heißen: »Nee«?
FRIEDEMANN
»Nee« heißt »Nee«.

(Zieht ein Papier aus der Tasche.)

Ich habe mich in der letzten Woche im Kirchenarchiv umgesehen. Hier könnt ihr selber lesen.

(Friedemann gibt Bauer und Wirt das Papier.)

Ganz am Anfang hieß euer Dorf einmal: »Dreehöven«. Das »ps« ist erst später durch einen Schreibfehler dazugekommen.
BAUER
»Dreehöven?«

(Bauer und Wirt lesen. Wundern sich. Werden bleich. Beide müssen sich setzen. Sind vor Schreck wie erstarrt.)

PASTOR
Was habt ihr?

(Wirt gibt dem Pastor zitternd das Papier. Pastor liest laut.)

61

»Dreehöven«. (Langsam) Dree…höven.

(Sieht sich um. Liest weiter.)

Am Anfang gab es drei Höfe. Rundherum ist dann nach und nach das restliche Dorf entstanden. (Sieht zu Wirt) Der erste Hof … gehörte den Vorfahren vom Wirt.

WIRT
Ja. Das ist wohl so.

PASTOR
(Zu Bauer) Und der zweite Hof gehörte deinen Vorfahren.

BAUER
(Gequält) Ja. Stimmt.

(Pastor liest weiter.)

PASTOR
Und der dritte Hof … Der …

(Stockt. Wundert sich. Sieht zu den drei Alten.
Auf das Papier. Wieder zu den drei Alten.)

OOL AKIM
Was hast du, Pastor?

PASTOR
Der dritte Hof … der hat *euren* Vorfahren gehört.

(Bauer und Wirt schlagen die Hände vors Gesicht.)

OOL AKIM
Unseren … Vorfahren?

OOL CORD
Dann sind *wir* …

OOL BORK
Wir sind die Gründer vom Dorf.

BAUER
(Bissig) Ja. Alt genug seid ihr ja.

OOL AKIM
(Grient) Da magst du wohl recht haben. Und als Älteste führen natürlich *wir* den Festzug an. Ganz vorn! Auf unserer Kutsche!

OOL CORD
Ach ja. Das Leben ist schön.

OOL BORK
(Langsam. Laut) Hallelujah.

(Die Glocken beginnen zu läuten. Ool Bork geht
auf die Knie und hebt die Hände zum Himmel.)

Der Herrgott gibt uns ein Zeichen!

FRIEDEMANN
(Heiter) Bist du sicher?

(Ool Bork versteht nicht.)

Dann sieh mal in deiner Hosentasche nach.
OOL BORK
Oh.

(Holt sein Handy aus der Hose und stellt es betont unauffällig ab. Setzt sich wieder. Pastor
begreift.)

PASTOR
(Zu den drei Alten) Darüber sprechen wir noch.

(Die drei Alten sehen schuldbewusst zu Boden.)

(Zu Bauer und Wirt) Ich bin mir sicher: Die Urkunde hier ist echt. Ihr al-
le zusammen seid die Gründer von diesem Dorf. Ich meine: Die Nachfahren
der Gründer. Gemeinsam!
WIRT
Da magst du recht haben, Pastor.
BAUER
Ja.

(Bauer und Wirt wirken wenig begeistert.)

PASTOR
Ist es nicht schön, dass sich jetzt doch noch alles so friedlich aufge-
löst hat?
BAUER
Und wie, Pastor.
WIRT
Das kannst dir gar nicht vorstellen!

(Bauer sieht sich um. Scheint kurz irritiert.)

BAUER
Aber sag mal: Wo ist eigentlich meine Tochter?

(Auch Wirt sieht sich jetzt um.)

WIRT
Ja. Mein Sohn müsste eigentlich auch hier sein.

(Alle weichen Blick Bauer und Wirt aus.)

Pastor?

PASTOR

Es gibt noch eine frohe Botschaft.

BAUER

Meinst du nicht … (Sieht zu den drei Alten) … dass wir für heute schon genug frohe Botschaften hatten?

PASTOR

Gott ist glücklich, denn zwei Menschen haben zueinander gefunden. *Dein* Sohn … und *deine* Tochter.

> (Bauer und Wirt wollen aufspringen. Werden dabei schmerzhaft an ihre Verletzungen erinnert.)

BAUER

Nee. Pastor. Das geht nicht!

WIRT

Das nicht auch noch!

> (Pastor drückt die beiden sanft auf den Stuhl zurück.)

PASTOR

Eine frohe Botschaft.!

WIRT

Mein Sohn … und seine Tochter?

BAUER

Niemals!

> (Bauer und Wirt springen auf.)

PASTOR

»Was Gott vereint hat, soll der Mensch nicht scheiden.« So steht es in der Bibel. Und ist Liebe nicht ein Geschenk Gottes?

BAUER

Das werde ich schon noch zu verhindern wissen.

WIRT

So lange mein Sohn seine Füße unter meinen …

PASTOR

(Wütend) So lange dein Sohn seine Füße unter deinen Tisch stellt?!

WIRT

Ja, Pastor. Da kannst du dir sicher sein.

BAUER

Und Gesa wird auch …

PASTOR

(Energisch) Setzt euch.

> (Keine Reaktion.)

BAUER

Wie meinst du, Pastor?

PASTOR
Ich meine, dass ihr euch setzen sollt!

> (Beide setzen sich irritiert. Pastor geht zum
> Nebentisch und nimmt die Papiere.)

PASTOR
(Auf eines der Papiere deutend) *Das* hier ist das Grundstück vom Wirt zu-
sammen mit der Kneipe und *das* … (Auf das andere Papier deutend) … ist das
Grundstück vom Bauern mit dem Zugang zur Hauptstraße.
WIRT
Ja und? Was ist damit?
PASTOR
Die beiden Grundstücke gehören jetzt *deinem Sohn* … (Zu Bauer) und *dei-
ner Tochter*! Jan und Gesa. Gemeinsam! Sie brauchen euch beide nicht mehr.
BAUER
Wie meinst du das?
PASTOR
Wenn sie wollen, bauen sie das alles hier zusammen aus: Ein Restaurant –
vielleicht auch ein Hotel mit Blick auf den See! Und wenn sie wollen, dann
werden sie heiraten und Kinder kriegen. Und ihr werdet ihnen nicht im We-
ge stehen!
(Betont sanft) Ist das nicht eine frohe Botschaft?
BAUER, WIRT
Ja, Pastor.
BAUER
Und wie.
WIRT
Das kannst du dir gar nicht vorstellen.
BAUER
(Zu Friedemann) Dann haben wir das alles dir zu verdanken? Du hast ihnen
die Grundstücke geschenkt?

> (Friedemann nickt.)

Und das Geld? Was hast du mit dem Geld gemacht?
WIRT
Ja. Was hast du mit dem Geld gemacht?
PASTOR
Friedemann war sehr großzügig. Er hat eine Stiftung gegründet und mich ge-
beten, von dem Geld einen Kindergarten zu bauen. Das, was ihr schon lan-
ge hättet tun sollen.
WIRT
Einen Kinder …
BAUER
… garten?
WIRT
Das schöne Geld!

FRIEDEMANN

Ja. Und der Kindergarten wird euren Namen tragen. Das muss euch doch glücklich machen?

BAUER

Und wie.

WIRT

Das kannst du dir gar nicht vorstellen!

FRIEDEMANN

Und wenn die Menschen am Kindergarten vorbeigehen, werden sie das Schild lesen … (Zu Wirt) … mit *deinem* Namen … (Zu Bauer) … und natürlich auch mit *deinem* Namen.

(Bauer und Wirt werden nachdenklich. Beide scheinen wieder etwas auszuhecken.)

WIRT

Mit meinem Namen … Ganz groß?

BAUER

Du meinst: Mit meinem Namen?

WIRT

Mein Name zuerst, natürlich.

BAUER

Nee. Meiner. Schließlich bin ich wichtiger.

WIRT

Das glaubst aber auch nur du!

(Bauer und Wirt wollen wieder aufeinander losgehen. Pastor tritt energisch zwischen sie.)

PASTOR

(Leise. Eindringlich) Und Gott sprach: »Werdet ihr mir aber nicht gehorchen und nicht alle diese Gebote tun und werdet ihr meine Satzungen verachten und meine Rechte verwerfen, dass ihr nicht tut alle meine Gebote, und werdet ihr meinen Bund brechen, so will auch ich euch dieses tun: Ich will euch heimsuchen mit Schrecken, mit Auszehrung und Fieber, dass euch die Augen erlöschen und das Leben hinschwindet. Ihr sollt umsonst euren Samen säen und eure Feinde sollen ihn essen.

(Bauer und Wirt weichen langsam zurück.)

(Hebt die Stimme) Und ich will mein Antlitz gegen euch richten und ihr sollt geschlagen werden vor euren Feinden, und die euch hassen, sollen über euch herrschen, und ihr sollt fliehen, ohne dass euch einer jagt. (Leise. Eindringlich) Wenn ihr mir aber auch dann noch nicht gehorcht, so will ich euch noch weiter strafen, siebenfältig, um eurer Sünden willen, dass ich euren Stolz und eure Halsstarrigkeit breche, und will euren Himmel wie Eisen und eure Erde wie Erz machen. Und eure Mühe und Arbeit soll verloren sein, dass euer Land sein Gewächs nicht gebe und die Bäume im Lande ihre Früchte nicht bringen.

                              (Pastor geht auf Bauer und Wirt zu. Die bewegen
                              sich langsam Richtung Ausgang.)

(Laut. Bedrohlich) Und wenn ihr mir zuwiderhandelt und mich nicht hören
wollt, so will ich euch noch weiter schlagen, siebenfältig, um eurer Sünden willen. Und ich will wilde Tiere unter euch senden, die sollen eure
Kinder fressen und euer Vieh zerreißen und euch vermindern, und eure Stra-
ßen sollen verlassen sein.
(Leise. Eindringlich) Werdet ihr euch aber damit noch nicht von mir zu-
rechtbringen lassen …«

                              (Pastor betrachtet Bauer und Wirt voller Zorn.)

BAUER, WIRT
(Ängstlich) Ja, Herr Pastor.
PASTOR
Ab morgen sehe ich euch beide wieder in der Kirche. Und es wird für alle
Zeiten nur noch *eine* Predigt geben!
BAUER, WIRT
Ja, Herr Pastor.
PASTOR
Gemeinsam!
BAUER, WIRT
Ja, Herr Pastor. Morgen in der Kirche. Zusammen.

                              (Beide verlassen fluchtartig den Raum. Stoßen
                              dabei in der Tür zusammen und hängen fest. Der
                              Stock eines Alten beendet die Frage, wer zuerst
                              geht. Stille.)

FRIEDEMANN
»Ich will euch heimsuchen mit Schrecken, mit Auszehrung und Fieber?«
PASTOR
(Noch immer erregt) Ja!
FRIEDEMANN
»Die sollen eure Kinder fressen und euer Vieh zerreißen …?«

                              (Pastor begreift nur sehr langsam, was er alles
                              in seiner Wut gesagt hat.)

PASTOR
(Nachdenklich) Du meinst, ich bin zu weit gegangen?
OOL CORD
Ach was, Pastor. Auf einen groben Klotz gehört ein grober Keil.

                              (Zorniger Blick Pastor.)

OOL AKIM
Aber ich glaube, darüber können wir auch später sprechen.

67

OOL BORK
Ja. Wir müssen jetzt.

(Ool Akim steht auf. Zieht Ool Bork mit hoch.)

OOL AKIM
Der Festzug wartet nicht. (Grient) Mit uns ganz vorne.

(Die drei Alten gehen ab. Pastor und Engel sind allein.)

5

PASTOR
Ich hätte das nicht tun dürfen. Ich bin zu weit gegangen.
FRIEDEMANN
Ihr seid zornig geworden. Die beiden werden es schon verkraften.
PASTOR
(Nachdenklich) Ja, aber es hat mir gefallen.

(Friedemann betrachtet mit Sorge den Pastor. Der packt langsam seine Sachen zusammen.)

FRIEDEMANN
Glaubt Ihr wirklich, dass der Bauer und der Wirt morgen zu Eurer Predigt kommen werden?
PASTOR
(Noch in Gedanken) Nein. Vermutlich nicht.

(Pastor sieht zu Friedemann.)

Heute ist die 600-Jahrfeier. Du hast sie kennengelernt. Morgen wird keiner in der Lage sein, zum Gottesdienst zu kommen.
FRIEDEMANN
Und wenn *Ihr* zu *ihnen* geht?
PASTOR
Auf das Fest? Um ihnen dabei zuzusehen, wie sie sich sinnlos betrinken?
FRIEDEMANN
Wenn es Euch nicht gefällt, dann könntet Ihr versuchen, es zu verhindern.
PASTOR
Und wie?
FRIEDEMANN
Ihr könntet um Mitternacht auf die Bühne treten und sie bitten, mit Euch gemeinsam einen Gottesdienst zu feiern.

(Pastor ist irritiert.)

PASTOR
Einen Gottesdienst? Sie würden mich auslachen.

FRIEDEMANN

(Lächelt) Nicht, wenn dafür der Gottesdienst am nächsten Morgen ausfallen würde. Stellt ihnen nur eine einzige Bedingung: Dass jeder am nächsten Tag in der Lage sein muss, sich an Eure Predigt zu erinnern.

PASTOR

Und du glaubst, dass sie sich darauf einlassen würden?

(Friedemann nickt ruhig.)

Du vergisst, dass nicht alle, die auf das Fest gehen, auch ein Teil meiner Gemeinde sind. Vielleicht würden die Mitglieder meiner Gemeinde mir zuhören, aber die anderen sicher nicht.

FRIEDEMANN

Dann sprecht zu ihnen nicht über das, was euch trennt, sondern über das, was euch alle miteinander verbindet.

PASTOR

Was uns verbindet?

FRIEDEMANN

Eure Gemeinde besteht aus mehr als nur den Mitgliedern eurer eigenen Religion. Sie ist die Gemeinschaft *aller* Menschen in diesem Dorf. Und wenn die Menschen eine andere Religion haben, dann ist es an Euch, ihnen die Hand zu reichen.

PASTOR

Die Hand reichen?

FRIEDEMANN

Geht auf die Menschen zu! Auf alle Menschen! Ganz gleich, um wen es sich dabei handelt. Oder sind sie nicht alle Kinder *eines* Gottes? Ist es nicht das, woran Ihr glaubt?

PASTOR

Wie …

FRIEDEMANN

Ihr habt eine große Kirche mit vielen Räumen, die nicht alle genutzt werden. Warum bietet Ihr diese Räume nicht denen an, die keine eigene Kirche haben? Es wäre ein erster Schritt.

PASTOR

Das kann ich nicht tun. Niemals! Ich kann nicht Fremde in meine Kirche lassen.

FRIEDEMANN

(Ernst) Es ist nicht *Eure* Kirche. Es ist ein Haus Gottes! Ihr seid nur derjenige, der dieses Haus verwaltet.
(Sanft) Gott kennt keine Fremden, also solltet Ihr es auch nicht tun.

PASTOR

Der Bischof würde das niemals zulassen. Und meine Gemeinde …

FRIEDEMANN

»Meine Gemeinde.« … und … »Der Bischof.« Ich verstehe, dass Ihr es jedem recht machen wollt, aber warum fragt Ihr nicht den einzigen, den es wirklich etwas angeht?

(Pastor versteht nicht. Friedemann sieht nach oben.)

Bedeutet Beten nicht, Gott eine Frage zu stellen? Wenn Ihr also alles zur Seite schiebt, was andere Menschen sagen - selbst alles, was Ihr in der Bibel gelesen habt -, dann werdet Ihr Eure Antwort erhalten. Bedeutet nicht, dem eigenen Gewissen zu folgen, Gott zu gehorchen?

(Pastor greift zu seiner Bibel. Hält sich daran fest.)

PASTOR
Es gibt nur *eine* Wahrheit.

(Licht nur auf Pastor und Friedemann. Pause.)

FRIEDEMANN
(Voller Wärme) Warum nur machst du Gott so klein? Hast du so wenig Vertrauen in ihm?

(Friedemann nimmt ein Glas in die Hand.)

Siehst du dieses Glas hier? *Das* ist es, was die Menschen aus ihrem Glauben an Gott machen: Wenn sie durstig sind, dann trinken sie daraus. Und wenn ihr Durst gestillt ist, dann stellen sie es lieblos zur Seite. Wenn sie aber wütend sind oder machtgierig, dann werfen sie damit nach anderen Menschen!

PASTOR
Was willst du mir damit sagen?

FRIEDEMANN
Du bist ein Mensch. Nicht mehr und nicht weniger! Du kannst hören und sehen. Du kannst riechen und schmecken. Du kannst dieses Glas mit deinen Händen fühlen. Nur durch deine Sinne kannst du dich überhaupt in dieser Welt zurechtzufinden.
Du kannst das Glas nur von dem Tisch unterscheiden, auf dem es steht, weil es eine andere Form hat. Eine andere Farbe. Und weil du es unterscheiden kannst, sagst du zu dem einen »Glas« und zu dem anderen »Tisch«.

(Pastor versteht noch immer nicht.)

Wenn Gott aber wie dieses Glas wäre, müsste er dann nicht genauso … begrenzt sein? Damit du ihn begreifen kannst? Aber müsste es dann nicht auch etwas außerhalb dieses Glases geben? Jenseits von Gott?

PASTOR
Es gibt nichts jenseits von Gott. Gott ist unendlich.

FRIEDEMANN
(Sanft) Ja. Gott ist unendlich. Aber kannst du dir das wirklich vorstellen?

(Pastor weiß keine Antwort.)

PASTOR
Ich …

FRIEDEMANN

Wir sind Menschen. Wir leben in einer Welt, in der alles Grenzen hat. Du kannst dir nicht vorstellen, dass Gott endlich ist, weil du dich immer fragen würdest, was dahinter ist. Genauso wenig aber kannst du dir seine Unendlichkeit vorstellen. Es ist außerhalb deiner Möglichkeiten!

(Pastor hält die Bibel noch fester.)

Warum fällt es dir nur so schwer, loszulassen? Warum klammerst du dich so an jedes einzelne Wort?

PASTOR

(Zu sich) Weil jedes Wort wahr ist. Es muss wahr sein.

FRIEDEMANN

Jedes einzelne Wort?

PASTOR

Jedes einzelne Wort.

FRIEDEMANN

Bist du sicher?

(Frau Pastor erscheint unbemerkt.)

Wie willst du denn glauben, wenn du *weißt*? Und wie kann es einen Wert haben, in Gott zu vertrauen, wenn du niemals an ihm zweifelst?

PASTOR

(Entrüstet) Ich soll an Gott zweifeln?!

FRIEDEMANN

Es ist nichts Falsches daran, von Zeit zu Zeit zu zweifeln. Die Bibel ist - wie jede Religion - nur ein Weg zu Gott … und - leider viel zu häufig - ein Weg fort von ihm. Nicht der Weg ist entscheidend, sondern die Richtung, in die du gehst.

(Friedemann steht auf.)

PASTOR

Die Richtung? Wie meinst du das?

(Friedemann will abgehen. Pastor steht auf.)

Woher weiß ich, in welche Richtung ich gehen muss?

(Friedemann sieht sich noch einmal um.)

FRIEDEMANN

Das ist ganz einfach. Es stehen überall Wegweiser. Auf denen steht nur ein einziges Wort. Du musst nur genau hinsehen.

PASTOR

Welches Wort?

(Pause. Stille.)

FRIEDEMANN
Demut.

        (Frau von Pastor geht langsam auf ihren Mann zu.)

FRAU PASTOR
Mit wem sprichst du?

        (Pastor versteht die Frage nicht.)

Mit wem du sprichst?!
PASTOR
(Irritiert) Mit Friedemann.?

        (Pastor deutet auf Friedemann. Frau Pastor nimmt
        Friedemann nicht wahr. Sieht sich suchend um.)

FRAU PASTOR
(Ein wenig besorgt) Hier ist niemand. Wir sind alleine.
PASTOR
Niemand?
FRAU PASTOR
Nein. Niemand.

        (Pastor versteht langsam. Sieht zu Friedemann.
        Der lächelt ihm zu.)

FRIEDEMANN
(Mit sehr viel Wärme) Und manchmal … steht auch »Liebe« darauf.

        (Friedemann geht ab. Lange Pause. Stille. Pas-
        tor sieht Friedeman nach. Begreift langsam. Wirkt
        wie befreit.)

PASTOR
(Nachdenklich) Du hast recht.

        (Pastor dreht sich langsam zu seiner Frau. Legt
        die Bibel zur Seite. Nimmt ihre Hand.)

FRAU PASTOR
Was hast du vor?

        (Pastor zieht seine Frau langsam zu sich, wäh-
        rend das Licht erlischt.)

PASTOR
(Leise) Tanzen.

Peter Koop

scheu (Roman)

(Neuerscheinung September 2016)

Kauf

ISBN 978-3-7412-6201-2 (276 Seiten, 9,95€)

Klappentext

Seit ihrer frühesten Kindheit hat Marie versucht, die Erwartungen ihrer Eltern zu erfüllen. Nach außen hin angepasst ist sie dabei innerlich zunehmend erstarrt. Immer wieder flüchtet sie in ihre Tagträume.
Als sie Hannah begegnet, kann sie ihr Leben nicht länger aufschieben. Zum ersten Mal liebt sie und wird geliebt. Mutig stellt sie sich ihren Ängsten und macht sich auf die Suche nach neuen Erfahrungen. Dabei gewinnt sie bald erste Freunde, begegnet aber auch ganz unmittelbar Gewalt und Obdachlosigkeit. Sie lernt verschiedene Spielarten des Sex kennen. Immer weiter wagt sie sich voran, aber immer wieder gerät sie bei dem Versuch, Hannahs Nähe zuzulassen, an ihre Grenzen …

Realität - Fantasie - Tod (Theaterstück)

(Überarbeitete Neuauflage August 2017)

Erstveröffentlichung unter dem Titel "Die letzte Nacht" im Jahr 2000 im Teiresias Verlag Köln.

Kauf

ISBN: 978-3-7448-9384-8 (Printfassung, A4, 92 Seiten, 9,90€)
ISBN: 978-3-7448-9565-1 (E-Book, 2,99€)

Klappentext

Spielort: Eine verlassene Fabrikhalle (vorzugsweise). Das gesamte Gebäude mit einer Festtafel in der Mitte des Zuschauerraums stellt die Welt der Realität dar - die Bühne die Welt der Fantasie. Der personifizierte Tod als weitere Größe bewegt sich frei in beiden Welten. Der Zuschauer wird - ohne selbst einzugreifen - zu einem Teil der Geschichte. Traumhaft. Real. Beängstigend nah.